Doc Baumann

Ebeneneffekte

Photoshop-Basiswissen

Band 15
Edition DOCMA

Bibliografische Information der Deutschen Bibliothek:
Die Deutsche Bibliothek verzeichnet diese Publikation in der
Deutschen Nationalbibliografie; detaillierte bibliografische Daten
sind im Internet über http://dnb.ddb.de abrufbar.

Die Informationen in diesem Produkt werden ohne Rücksicht auf einen eventuellen Patentschutz veröffentlicht. Warennamen werden ohne Gewährleistung der freien Verwendbarkeit benutzt. Bei der Zusammenstellung von Texten und Abbildungen wurde mit größter Sorgfalt vorgegangen. Trotzdem können Fehler nicht vollständig ausgeschlossen werden. Verlag, Herausgeber und Autoren können für fehlerhafte Angaben und deren Folgen weder eine juristische Verantwortung noch irgendeine Haftung übernehmen. Für Verbesserungsvorschläge und Hinweise auf Fehler sind Verlag und Autoren dankbar.

Alle Rechte vorbehalten, auch die der fotomechanischen Wiedergabe und der Speicherung in elektronischen Medien. Die gewerbliche Nutzung der in diesem Produkt gezeigten Modelle und Arbeiten ist nicht zulässig.

Fast alle Produktbezeichnungen und weitere Stichworte und sonstige Angaben, die in diesem Buch verwendet werden, sind als eingetragene Marken geschützt. Da es nicht möglich ist, in allen Fällen zeitnah zu ermitteln, ob ein Markenschutz besteht, wird das ® Symbol in diesem Buch nicht verwendet.

Umwelthinweis: Dieses Produkt wurde auf chlorfrei gebleichtem Papier gedruckt.

Die verwendeten Fotos stammen bis auf eine gekennzeichnete Ausnahme vom Verfasser.
Die wichtigsten Beispielbilder lassen sich herunterladen von www.docma.info

© 2007 by Addison-Wesley Verlag,
ein Imprint der Pearson Education Deutschland GmbH
Martin-Kollar-Straße 10–12, D-81829 München/Germany

ISBN 978-3-8273-2550-1
10 9 8 7 6 5 4 3 2 1

09 08 07

Alle Rechte vorbehalten
Einbandgestaltung: Marco Lindenbeck, webwo GmbH (mlindenbeck@webwo.de)
Lektorat: Cornelia Karl (ckarl@pearson.de)
Herstellung: Philipp Burkart (pburkart@pearson.de)
Satz und Layout: Doc Baumann (redaktion@docbaumann.de)
Korrektorat: Dr. Gabriele Hofmann
Druck und Verarbeitung: Media-Print, Paderborn (www.mediaprint-pb.de)
Printed in Germany

Inhalt 15|3

6 **Einleitung: Hilfreiche Effekthascherei**

9 **Ebenenstile im Überblick**
10 Schlagschatten
11 Schatten nach innen
12 Schein nach außen
13 Schein nach innen
14 Abgeflachte Kante und Relief
15 Glanz
16 Farbüberlagerung
17 Verlaufsüberlagerung
18 Musterüberlagerung
19 Kontur

20 **Parameter einstellen**
21 Abgeflachte Kante und Relief: Stil
22 Abgeflachte Kante und Relief: Technik
23 Abgeflachte Kante und Relief: Farbtiefe
24 Abgeflachte Kante und Relief: Richtung
25 Abgeflachte Kante und Relief: Größe
26 Abgeflachte Kante und Relief: Weichzeichnen
27 Abgeflachte Kante und Relief: Beleuchtung
28 Abgeflachte Kante und Relief: Lichtermodus
29 Abgeflachte Kante und Relief: Tiefenmodus
30 Abgeflachte Kante und Relief: Glanzkontur
31 Abgeflachte Kante und Relief: Kontur
33 Abgeflachte Kante und Relief: Kontur: Bereich
34 Abgeflachte Kante und Relief: Kontur-Editor
35 Abgeflachte Kante und Relief: Kontur-Palette
36 Abgeflachte Kante und Relief: Struktur
37 Abgeflachte Kante u. Relief: Strukturskalierung
38 Abgeflachte Kante u. Relief: Strukturverknüpfung

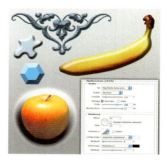

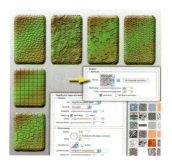

Band 15 – Ebeneneffekte

Inhalt

39	Deckkraft
40	Distanz
41	Füllfarbe
42	Füllmethode
44	Glanz
45	Größe
46	Kontur: Position
47	Kontur: Füllung
48	Musterfüllung: Skalierung
49	Muster vorbereiten
50	Musterfüllung: Muster wählen
51	Musterfüllung: Am Ursprung ausrichten
52	Schein: Technik
53	Schein: Quelle
54	Schlagschatten: Aussparung
55	Störungen
56	Über- und Unterfüllen
57	Verlaufsüberlagerung: Stil
58	Verlaufsüberlagerung: Winkel
59	Verlaufsüberlagerung: Skalieren
60	Winkel: Globaler Lichteinfall

62 Fülloptionen

63	Allgemeine Füllmethode
64	Erweiterte Füllmethode: Deckkraft
67	Kanäle
68	Aussparung: Ohne
69	Aussparung: Leicht
70	Aussparung: Ohne/Leicht
71	Aussparung: Stark
72	Transparenz formt Ebene
73	Beschnittene Ebenen als Gruppe füllen
74	Optionen-Kombination

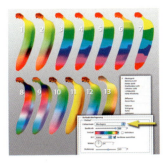
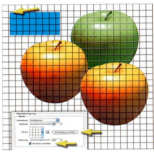

Inhalt 15|5

75	Interne Effekte als Gruppe füllen
76	Ebenenmaske
77	Vektormaske
78	Farbbereich: Graustufen
79	Farbbereich: Farben
80	Farbbereich: Darunter liegende Ebene
81	Farbbereich: Weich ausblenden
82	Farbbereich: Montage
83	Farbbereich: Hart ausblenden
84	Farbbereich: Feinjustierung
85	Farbbereich: Flammen
86	Farbbereich: Flammen-Montage
87	Farbbereich: Haare
88	Farbbereich: Freistellen auf zwei Ebenen
89	Farbbereich: Freigestellte Haare

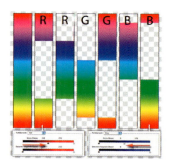

90 Ebenenstile anwenden

91	Ebenenstil wählen
92	Neuen Stil anlegen
93	Vorgaben-Manager
95	Stilzuweisung löschen
96	Stil ausblenden
97	Ebenenpalette: Deckkraft
98	Ebenenpalette: Fläche
99	Stile skalieren
100	Stile kopieren
102	Ebenenstile als Pixel bearbeiten
106	Praxisbeispiel: Wassertropfen
109	Praxisbeispiel: Rollen

**Beispielbilder können Sie kostenlos
herunterladen von www.docma.info
im Bereich „Arbeitsmaterialien"**

Band 15 – Ebeneneffekte

Einleitung

Hilfreiche Effekthascherei

Ebeneneffekte sind ein beliebtes Mittel, um digitale Bilder, insbesondere Montagen mit mehreren Ebenen, schnell und ohne großen Aufwand aufzupeppen. Und so sieht man überall, seit Photoshop mit dieser Funktion ausgestattet wurde, Schlagschatten und Schein nach außen, abgeflachte Kanten und Reliefs oder vertraute Musterfüllungen.

Für viele Bildbearbeitungsprofis haftet Effekten daher ein wenig der Geruch des Billigen an – ein Knopfdruck, fertig! Haben sie recht? Ja und nein. Ebeneneffekte sind zunächst einmal nichts anderes als digitale Werkzeuge wie andere auch. Die Gefahr, dass ein Bild durch ihren Einsatz kitschig und – im Wortsinne – effekthascherisch wirkt, ist nicht größer oder kleiner als beim Gebrauch fast jeden Filters oder Plug-ins. Gehen Sie einfach von der schlichten Faustregel aus: Sobald einem aus dem Bild Effekte protzig ins Auge springen, sind sie falsch angewandt worden.

Alle digitalen Werkzeuge und Bearbeitungsmöglichkeiten sind Mittel, um etwas zu erreichen – nicht der Zweck. Den müssen Sie selbst durch Ihre Überlegungen als Gestalter vorgeben. (Scheuen Sie sich nicht vor diesem großen Wort, auch wenn Sie sich noch als Laie oder Einsteiger fühlen. Sie wollen etwas gestalten und mit dem fertigen Bild etwas bei anderen bewirken; dabei ist es letztlich egal, ob Sie auf Ihre Geburtstagsparty aufmerksam machen oder die Welt davor warnen wollen, dass sie den Bach runter geht. In jedem Fall sollten Sie sich alle erdenkliche Mühe geben, um die Ihnen zur Verfügung stehenden Mittel so einzusetzen, dass Sie die Aufmerksamkeit der Betrachter erregen, die Ihre Bilder anschauen.

Also: Zuerst kommt Ihre Idee, dann suchen Sie die Mittel, um sie zu verwirklichen. Ist es andersrum, haben die kritischen Profis wahrscheinlich recht. Mal alle Effekte die Stilepalette rauf und wieder runter auszuprobieren und dann den zu nehmen, der am tollsten aussieht, ist in der Tat etwas billig. (Was im übrigen nicht dagegen spricht, genau dies zu tun, um sich mit den Effekten und ihren Kombinationen vertraut zu machen.)

Ebeneneffekte werden in Photoshop häufig dazu eingesetzt, um eher grafische Gestaltungen zu unterstützen. Nehmen Sie einen der Möbelhausprospekte aus der Werbezeitung, die am Wochenende in Ihrem Briefkasten steckt, und Sie wissen, was ich meine. Klar, damit lässt sich schlichte Typografie zur schreienden Konsumverführung aufrüsten, aus einer bescheidenen geometrischen Form wird ein leuchtendes, glänzendes, plastisches Klotzobjekt. Solchen grafischen

Einleitung

Zwei Glanzkanten – eine gelbe und eine rote – lassen sich einem freigestellten Objekt mit Ebeneneffekten eigentlich gar nicht zuweisen. Mit einem Trick klappt das doch: Duplizieren Sie die Ebene, blenden Sie bei der oberen alle Pixel über „Fläche" aus und lassen Sie nur „Abgeflachte Kante und Relief" wirksam. Deaktivieren Sie „Globaler Lichteinfall" und setzen Sie die Lichtquelle an eine andere Position als in der Ebene darunter. Aber nicht nur das Mithras-Relief wurde hier mit Ebenenstilen gestaltet – auch die Flammen wurden auf diesem Weg freigestellt (Seite 85) und die Holzräder, Seile und Ketten im Hintergrund erhielten wurden auf diesem Weg erzeugt (Seite 109).

Anwendungsbereichen möchte ich in diesem Buch allerdings so wenig Raum widmen wie unumgänglich. Das können Sie in jedem Einsteiger-Workshop nachlesen. In guter DOCMA-Tradition geht es hier auch bei Ebeneneffekten und -stilen darum, wie sie bei der digitalen Bildbearbeitung und insbesondere bei Montagen eingesetzt werden können. Hier sollen Sie die Möglichkeiten, aber auch die Grenzen

Band 15 – Ebeneneffekte

Einleitung

kennenlernen. Um ein Beispiel vorwegzunehmen: Ein beliebter Effekt ist „Schlagschatten" – aber Photoshop ist ein Programm, das zur Bearbeitung von *Bildern* gemacht wurde. Na und – gibt es da ein Problem? Allerdings! Photoshop ist keine 3D-Software, kann also nur mit flachen Bildern umgehen, aber nicht mit (simulierten) Körpern und Objekten.

Der „Schlagschatten", den die Pixel einer Ebene auf den Untergrund werfen, ist also nur der Schatten einer platten Fläche über einer anderen Fläche, etwa so, wie ihn ein ausgeschnittenes Foto auf die Tischplatte werfen würde, wenn Sie es parallel über sie halten. Solche Beschränkungen müssen Ihnen bewusst sein, wenn Sie Effekte anwenden und zu Ergebnissen gelangen möchten, welche die Betrachter Ihrer Bilder visuell überzeugen sollen.

Noch einmal: Effekte werden in diesem Buch überwiegend in einem Zusammenhang erläutert, der ihre Anwendung für Montagen und Bilder betrifft, weniger für den grafischen oder typografischen Einsatz. Aber wenn Sie das, was ich Ihnen auf den folgenden Seiten vermitteln möchte, gelernt, nachvollzogen und ausprobiert haben, können Sie diese Hilfsmittel für jeden Zweck einsetzen.

Ein paar technische Anmerkungen vorab: Effekte funktionieren auf allen Ebenen mit Ausnahme der Hintergrundebene. Sie haben nichts mit Auswahlen zu tun, sondern werden allen Pixeln einer Ebene zugewiesen. Am wirkungsvollsten sehen Sie meist aus – abhängig davon, was Sie verwirklichen wollen –, wenn diese Pixel nicht die komplette Ebene füllen, sondern von transparenten Zonen umgeben sind; das ist etwa dann der Fall, wenn Sie aus einem Bild einen Gegenstand ausgewählt, kopiert und eingefügt haben. Seine Pixel werden automatisch auf eine neue, ansonsten leere Ebene gesetzt, und die Effekte, die Sie ihm nun gegebenenfalls zuweisen, reichen zum Teil auch in diese durchsichtige Zone hinein: etwa Schlagschatten, Leuchteffekte oder eine außen positionierte plastische Kante.

Wer mit Effekten arbeiten will, sollte bei der Rechnerausstattung nicht sparen. Dass es ansonsten ziemlich zäh vorangehen kann, wissen Photoshop-Anwender/innen ohnehin. Bei einem älteren Computer mit wenig Arbeitsspeicher und Festplattenplatz kann es schon mal eine Weile dauern, wenn Sie einem großen Bild, gar noch auf verschiedenen Ebenen, mehrere Effekte zugewiesen haben und dieses nun in Hundert-Prozent-Ansicht am Monitor verschieben wollen.

Lassen Sie sich nicht dadurch verwirren, dass in Photoshop und also auch in diesem Buch mal von Effekten, mal von Stilen die Rede ist. Mit Effekten sind die einzelnen Zuweisungen gemeint, etwa eine Kontur um die Pixel einer Ebene. Statten Sie eine Ebene mit einem ganzen Ensemble aufeinander abgestimmter Effekten aus – die dann zum Beispiel aus verstreuten Pinselabdrücken Wassertropfen werden lassen –, dann ist das ein Stil.

Ich wünsche Ihnen viel Spaß beim Experimentieren; dieses Buch begleitet Sie nur auf den ersten Schritten, den restlichen Weg müssen Sie allein gehen.

Ebenenstile im Überblick

Schauen wir uns zunächst Photoshops Ebeneneffekte im Überblick an. Es gibt drei Wege, um das Einstellungsfeld „Ebenenstil" zu öffnen:

Die schnellste Möglichkeit besteht in einem Doppelklick auf die Zeile der Ebene in der Ebenenpalette, der Sie Effekte zuweisen wollen; dabei ist es egal, ob Sie auf die Vorschauminiatur klicken oder auf den Bereich rechts daneben (nicht aber auf den Namen). Die Alternativen: Gehen Sie über „Ebene > Ebenenstil" oder das Effekte-Icon am Fuß der Palette, dann zum gewünschten Effekt. Zunächst öffnet sich das Feld mit den „Fülloptionen". Um die Einstellungen eines bestimmten Effekts vornehmen zu können, aktivieren Sie einen der Einträge links, hier „Schlagschatten". Eine Ebene mit einem zugewiesenen Effekt ist daran zu erkennen, dass rechts in ihrer Zeile ein kleiner schwarzer Kreis mit einem kursiven „f" steht.

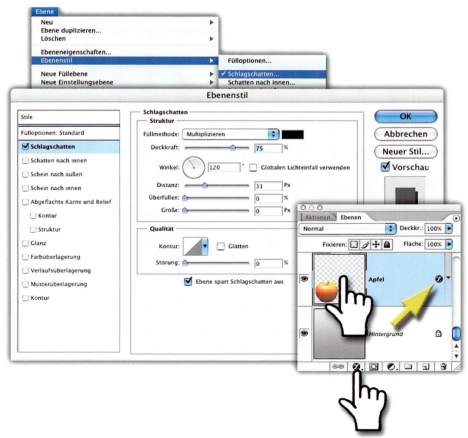

Band 15 – Ebeneneffekte

15|10 Schlagschatten

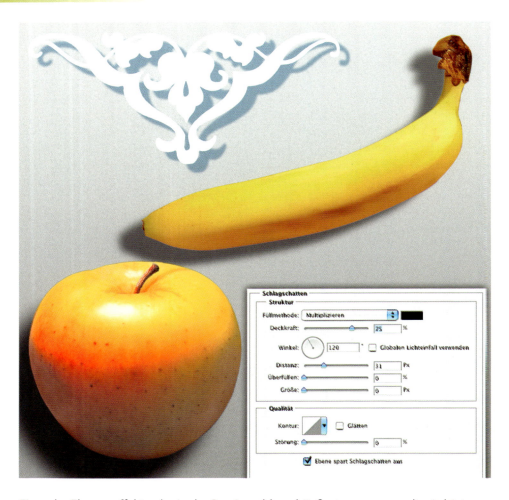

Einer der Ebeneneffekte, der in der Praxis wohl am häufigsten angewandt wird, ist „Schlagschatten". Sie können die Schattenfarbe wählen, Füllmethode und Deckkraft, mit der er eingefügt wird, den Beleuchtungswinkel sowie die Distanz zwischen Objekt- und Schattenkontur. „Überfüllen" steht für einen Randbereich, der ohne Abschwächung mit der Schattenfarbe gefüllt wird (Seite 56); der missverständliche Begriff „Größe" für den Grad der Weichzeichnung (Seite 45). Der Eintrag „Kontur" im unteren Kasten bestimmt die Zonenformung des Schattens (mehr dazu auf Seite 46 ff.), „Störungen" (Seite 55) seine Auflösung in eine Pixelstruktur mit schwankender Helligkeit. Wichtig beim Einsatz dieses Effekts ist, dass Sie sich vergegenwärtigen, dass hier kein plastisches Objekt einen Schatten wirft, sondern nur dessen flache Entsprechung.

Schatten nach innen 15|11

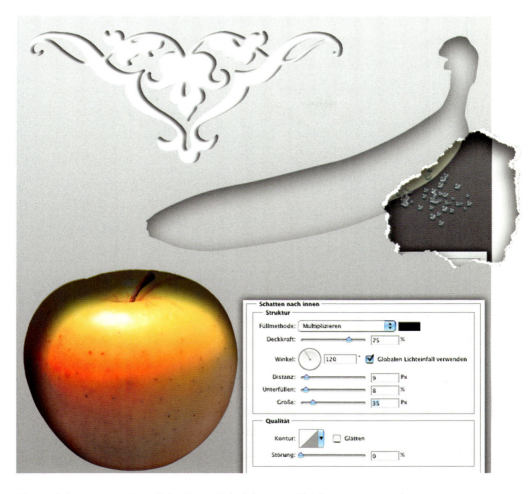

Ein nach innen gesetzter Schatten wird nicht vom Objekt – genauer: dessen Fläche – auf einen Hintergrund geworfen, sondern entspricht einer Aussparung, deren Rand die Ebene/n darunter abdunkelt. Stellen Sie sich zum Beispiel ein Loch im Papier dieses Buches vor, durch das Sie auf die Seite dahinter blicken. Dabei kann das Objekt sichtbar bleiben – wie der Apfel – oder wie die Banane über „Fläche" ausgeblendet werden (Seite 64 f.). „Schlagschatten" und „Schatten nach innen" sind zwei der Ebeneneffekte, die Sie direkt im Bild durch Verschieben positionieren können. Sie müssen für Schatten übrigens nicht mit dunklen Farben arbeiten; durch helle und eine „Füllmethode" wie „Umgekehrt multiplizieren" erzielen Sie neue Wirkungen.

15|12 Schein nach außen

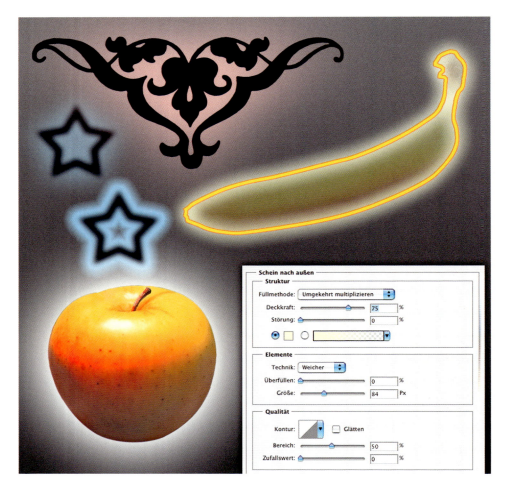

„Schein nach außen" wird in der Regel dafür verwendet, um Leucht- und Glüheffekte wiederzugeben, wie Sie das am Beispiel der von einer simulierten Neonröhre eingerahmten Banane sehen. Die Sterne links oben zeigen, dass der Effekt auch bei einer weichen Objektkontur wirksam wird; sie demonstrieren auch den Unterschied zwischen den beiden Varianten zum Eintrag „Technik > Weicher" (oben) und „Präzise" (darunter, mehr dazu auf Seite 52). Als „Füllmethode" können Sie neben dem standardmäßigem „Umgekehrt multiplizieren" auch mit „Farbig …" oder „Linear nachbelichten" experimentieren. Wählen Sie eine dunkle Farbe und eine der abdunkelnden Füllmethoden wie „Multiplizieren", lässt sich „Schein nach außen" für zentrierte Schatten ohne Distanzversatz verwenden.

Schein nach innen 15|13

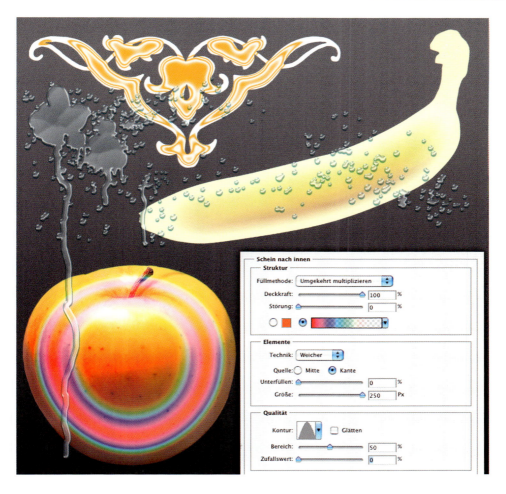

Die Umkehrung ist „Schein nach innen". In der Praxis wende ich sie meist auf Objekte an wie die hier verspritzte „Flüssigkeit", bei der allerdings neben diesem Ebeneneffekt zahlreiche weitere verwendet werden wie „Abgeflachte Kante und Relief", „Schlagschatten" und andere (ausführlich dazu: Seite 106 ff. und „Die besten Photoshop-Workshops aus DOCMA, Band 2, Seite 280 ff.). An „Schein nach innen" lässt sich gut zeigen, dass viele Ebeneneffekte dann ihren besonderen Reiz zeigen, wenn man sie sozusagen gegen den Strich verwendet. So wurde der Glanzeffekt auf dem Ornament oben links mit einer abweichenden Einstellung für „Kontur" erzielt, und auf ähnliche Weise entstanden die bunten Ringe auf dem Apfel, wobei zusätzlich ein Spektralverlauf für die Verlaufsfüllung zum Einsatz kam.

15|14   Abgeflachte Kante und Relief

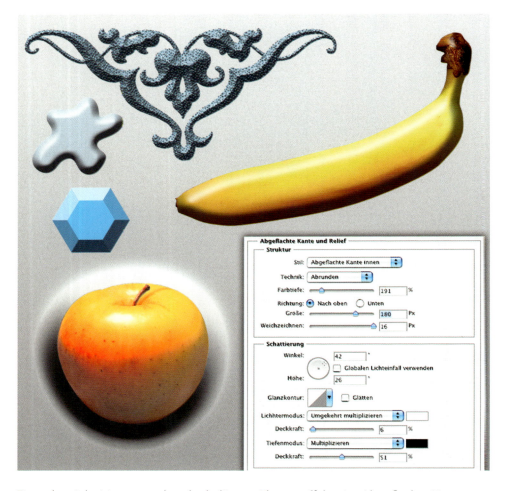

Einer der vielseitigsten und spektakulärsten Ebeneneffekte ist "Abgeflachte Kante und Relief". Er verfügt über zwei Untereinträge mit den Bezeichnungen "Kontur" und "Struktur"; der erste entspricht der Formung der Schattierung in der bereits zuvor erläuterten Weise (Seite 32), während "Struktur" die Zuweisung eines Musters ist, dessen Helligkeitswerte für eine beleuchtungsabhängige Prägung der Oberfläche sorgen (oben links). Meist wird der Effekt auf geometrische oder typografische Formen angewandt, aber wie die Banane zeigt, lassen sich damit auch Objekte schattieren und mit Glanzkanten versehen. Auf den Seiten 21 bis 38 werden Sie weitere Beispiele kennenlernen, welche die Auswirkungen der diversen Parameter demonstrieren; so kann etwa wie beim Apfel die Kontur auch außerhalb des Objekts aufgetragen werden.

Photoshop-Basiswissen – Edition DOCMA

Glanz 15|15

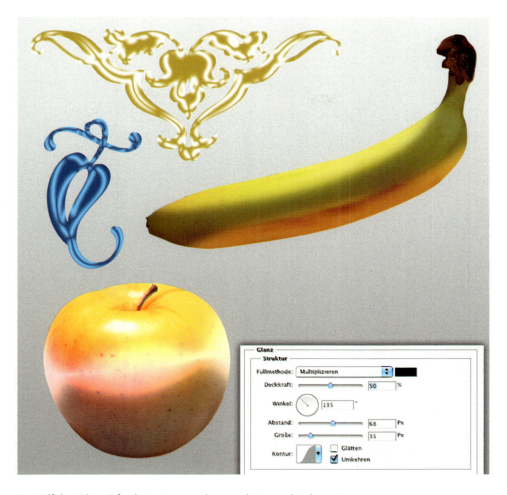

Der Effekt „Glanz" funktioniert am besten bei vergleichsweise dünnen Objekten mit Bereichen wechselnder Stärke; Großflächiges dagegen wird dadurch weniger überzeugend modifiziert. In der Grundeinstellung wirkt „Glanz" mit der Füllmethode „Multiplizieren" und schwarzer Farbe, oft erreichen Sie aber wesentlich bessere Resultate, wenn Sie auf „Umgekehrt multiplizieren" und eine helle Farbe oder Weiß wechseln. Geben Sie sich auch nicht mit der voreingestellten „Kontur"-Form zufrieden, sondern probieren Sie andere aus dem Klappmenü aus oder erzeugen Sie eigene (Seite 46 f.)

Band 15 – Ebeneneffekte

15|16 Farbüberlagerung

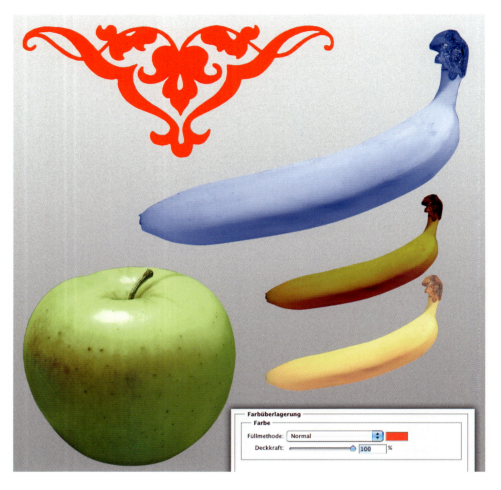

Der Effekt „Farbüberlagerung" ist nicht sonderlich spektakulär und bietet weniger, als Sie mit Ebenen, Einstellungsebenen (mehr dazu in Band 8 der Edition DOCMA) oder direktem Umfärben erzielen könnten. Allerdings hat der Eintrag durchaus seine Berechtigung, denn die Farbzuweisung lässt sich zum einen schnell ändern – hinsichtlich Farbe, Füllmethode und Deckkraft –, und zum anderen können Sie Objekte so vor allem in Abstimmung mit weiteren zugewiesenen Effekten angleichen. Müssten Sie das Einstellungsfeld dazu erst verlassen, wäre das für den Arbeitsfortgang nicht sonderlich effektiv; so können Sie schnell eine starke oder leichte Umfärbung vornehmen, oder Sie hellen mit Weiß und „Umgekehrt Multiplizieren" etwas auf (unten rechts) oder dunkeln es mit Schwarz und beispielsweise „Linear nachbelichten" ab.

Verlaufsüberlagerung 15|17

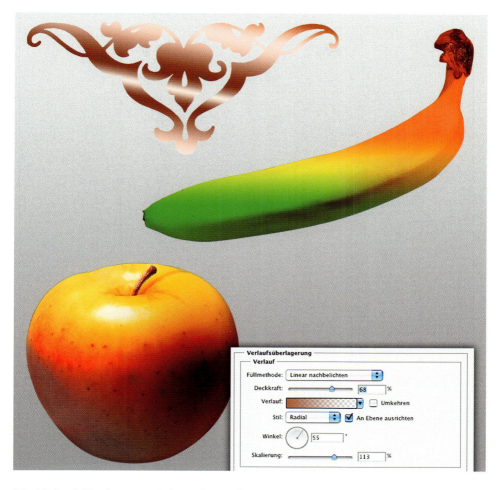

Die "Verlaufsüberlagerung" dient der Einfärbung eines Objekts mit einem Verlauf, wobei Sie per Füllmethode festlegen, ob er sich deckend oder einfärbend auswirken soll. Mit "Skalierung" bestimmen Sie die Ausdehnung des Verlaufs, unter "Stil" legen Sie fest, ob er sich linear, radial, als Winkel (radial gedreht), gespiegelt oder rautenförmig ausbreiten soll. Die "Verlaufsüberlagerung" gehört wie die auf den nächsten Seiten folgenden "Musterüberlagerung" und "Kontur" (bei gewissen Einstellungen) zu den Effekten, die Sie durch Ziehen im Bild interaktiv beeinflussen können. Auf diese Weise habe ich etwa dem Apfel einen neuen Schatten zugewiesen, in dem ich einen linear nachbelichtenden, radialen Braun-Transparent-Verlauf so verlagert habe, dass er als künstlicher Schatten für dieses Objekt erscheint.

15|18   Musterüberlagerung

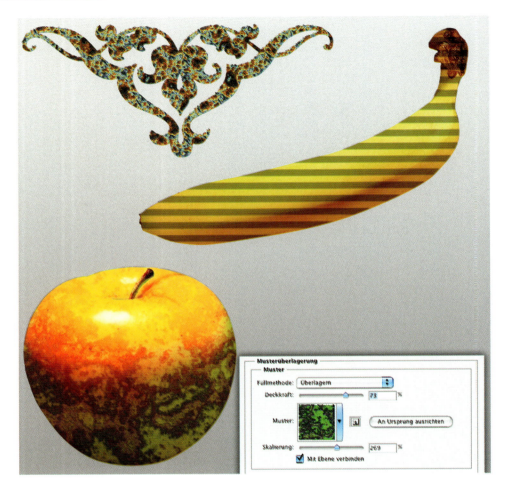

Die „Musterüberlagerung" darf nicht mit der auf Seite 14 beschriebenen „Struktur" verwechselt werden, auch wenn in beiden Fällen identische Musterdateien zugrunde gelegt werden: Hier haben wir es tatsächlich mit der Übertragung von Farbwerten zu tun, während es bei der entsprechenden Option von „Abgeflachte Kante und Relief" um eine plastische Darstellung geht. Muster lassen sich flächig und deckend überlagern wie bei dem Ornament links oben, mit abgestimmten Füllmethoden, um eine erwünschte Färbung zu erzielen wie beim Apfel, oder strukturierend unter Beibehaltung von unveränderten Oberflächenbereichen, indem Teile des Musters durch eine geeignete Methode ausgeschlossen werden; bei der Banane wirken sich nur die schwarzen Streifen aus, während weiße durch „Multiplizieren" ausgeblendet werden.

Kontur 15|19

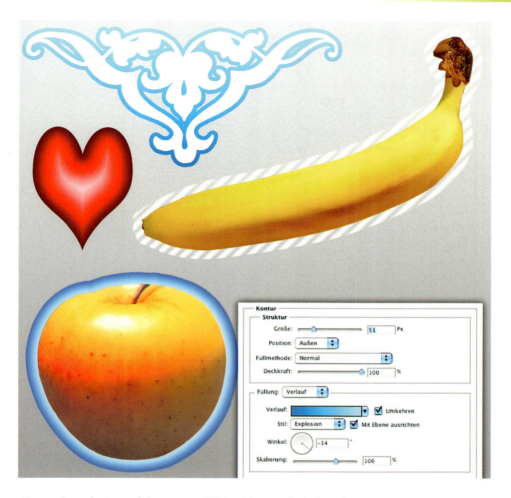

„Kontur" erscheint auf den ersten Blick nicht sonderlich vielseitig zu sein; sehr viel mehr, als ein Objekt außen, mittig oder innen mit einem farbigen Rand einzurahmen, bietet es offensichtlich nicht. Dieser Eindruck trügt jedoch, es lohnt durchaus, die Möglichkeiten des Einstellfeldes zu erforschen. So verbirgt sich hier zum Beispiel die Verlaufsform „Explosion", die Objektkonturen folgt und sonst nirgendwo in Photoshop unterstützt wird, nicht einmal beim Verlaufswerkzeug selbst (Herz und Apfel, mehr auf Seite 47). Neben der Füllung des Verlaufs mit Farbe und Verlauf können Sie außerdem ein beliebiges Muster wählen.

Band 15 – Ebeneneffekte

Parameter einstellen

Abhängig von dem Projekt, das Sie realisieren wollen, werden Sie einem Gegenstand – exakter: den Pixeln einer Ebene – mitunter nicht nur einen Effekt, sondern mehrere zuweisen. Bisher haben Sie in einem Überblick die zehn Ebeneneffekte kennengelernt. Auf den folgenden Seiten wollen wir uns nun alle Parameter und Wertzuweisungen näher anschauen, die Photoshop dafür anbietet.

Manche von ihnen sind nur bei einer einzigen Einstellung zu finden, andere tauchen immer wieder auf. Zum leichteren Auffinden sind die Hauptbegriffe innerhalb dieses Kapitels daher alphabetisch geordnet, Untereinträge wie etwa „Am Ursprung" finden Sie bei den jeweiligen Stichwörtern; sie werden jeweils innerhalb der Einstellungsfelder von oben nach unten erläutert.

Im Unterschied zu anderen Bänden der Edition DOCMA erfordern diese Kapitel von den Leser/innen vielleicht etwas mehr Aufmerksamkeit, da ich Ihnen hier keine Projekte vorstelle, die sich Schritt für Schritt entwickeln, sondern die zahlreichen Einstellungen und ihre Kombinationen demonstrieren möchte, die Sie kennen – im besten Falle: beherrschen – sollten, um aus den Ebeneneffekten und -stilen genau das herauszuholen, das Sie für Ihre eigenen Vorhaben benötigen.

Abgeflachte Kante und Relief: Stil 15|21

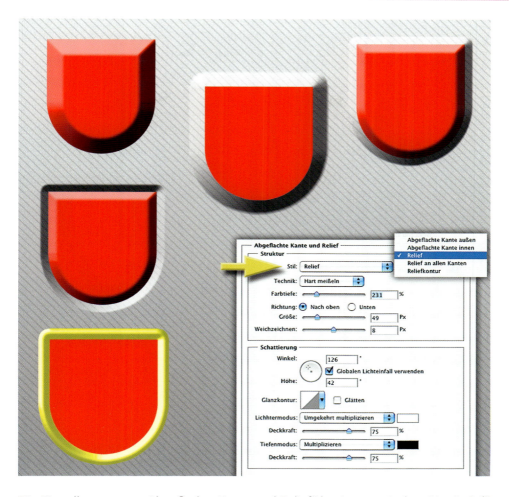

Die Einstellungen von „Abgeflachte Kante und Relief" beginnen mit dem Menü „Stil", das fünf Möglichkeiten anbietet, wo die Kante den Pixeln der Ebene zugewiesen wird: Die Grundeinstellung ist „Abgeflachte Kante innen" (links oben); dabei ist die Kante Teil des Objekts (was unschöne Buchstaben ergeben kann). Bei „Abgeflachte Kante außen" dagegen wird diese außerhalb des Objekts hinzugefügt und führt zu einer Aufhellung und Abdunklung des Hintergrunds (oben Mitte). „Relief" ergibt eine erhabene Darstellung mit hälftiger Aufteilung der Kante zwischen Objekt und Hintergrund (rechts oben), „Relief an allen Kanten" teilt ebenfalls hälftig auf, aber mit einer das Objekt umgebenden Vertiefung (Mitte links). „Reliefkontur" schließlich wird nur einer Kontur zugewiesen (links unten), sofern dieser Ebeneneffekt aktiviert ist (Seite 19).

Band 15 – Ebeneneffekte

15|22 Abgeflachte Kante und Relief: Technik

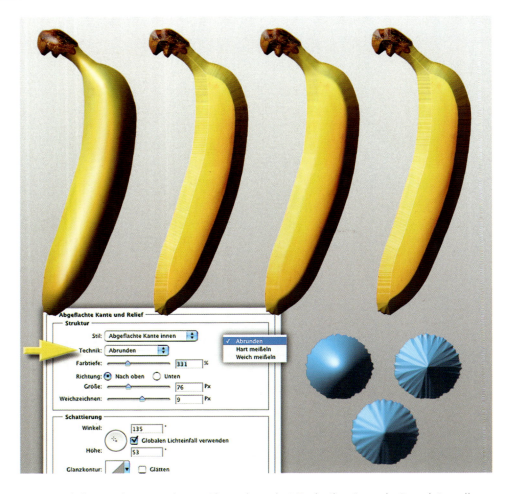

Zum Modellieren der Kante bietet Photoshop drei „Techniken" an; als Grundeinstellung ist „Abrunden" vorgegeben (erste Banane von links). Dabei entsteht eine Kantenform, bei welcher der Außenrand des Objekts und die nicht beeinflusste, glatte Fläche im Binnenbereich (definiert durch den Parameter „Größe", siehe Seite 25) durch eine runde, konvexe Kurve verbunden sind; der Querschnitt gleicht damit ungefähr einem flachen, auf dem Kopf stehenden U. Die Variante „Hart meißeln" (zweite Banane) erzeugt dagegen eine im harten Winkel abknickende Kante, die auch Unregelmäßigkeiten der Kontur übernimmt und mitzieht. Mit einem höheren Wert von „Weichzeichnen" (Seite 26) werden diese harten Brüche geglättet (dritte Banane). „Weich meißeln" ist eine leichte Modifikation davon (Banane rechts); die blauen Formen verdeutlichen das.

Abgeflachte Kante und Relief: Farbtiefe 15|23

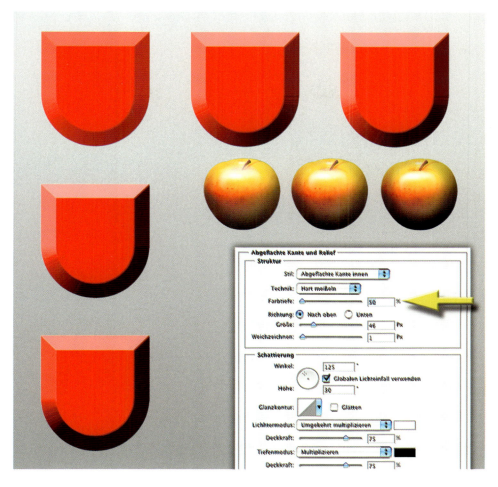

Der Begriff „Farbtiefe" steht für die Härte der Beleuchtung und ebenfalls für die Höhenausprägung des Objekts. Das rote Wappenschild hat zunächst eine Farbtiefenzuweisung von 50 Prozent; sie steigt (von links nach rechts, dann von oben nach unten) auf 120, 150, 200 und schließlich auf das Maximum von 1 000 Prozent (links unten). Die Schatten werden dunkler, die beleuchteten Konturen heller, gleichzeitig treten Unregelmäßigkeiten der Kontur deutlicher hervor. Dasselbe lässt sich bei den drei Äpfeln beobachten; hier steigt der Wert von 100 über 120 auf 150.

15|24 Abgeflachte Kante und Relief: Richtung

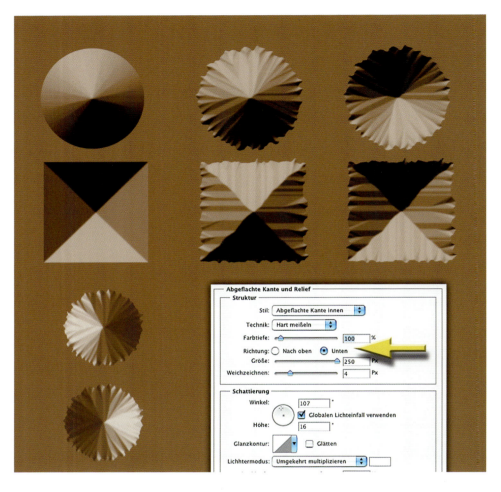

Die beiden Optionen für „Richtung": „Nach oben" und „Unten", haben nur indirekt mit der Schattierung und dem Winkel (Seite 27) zu tun, mit dem das plastisch geformte Objekt beleuchtet wird. Diese Parameter spielen zwar durchaus eine Rolle, aber es wäre unzutreffend anzunehmen, die genannten Optionen bedeuteten die Platzierung eines imaginären Scheinwerfers einmal von oben und das andere Mal von unten. Die sechs Beispiele in der oberen Bildhälfte könnten dieses Missverständnis zwar untermauern – dass diese Annahme falsch ist, zeigen aber die beiden Beispiele links unten, die Umschaltung sollte bei seitlicher Beleuchtung dann nämlich keine starken Auswirkungen haben. Tatsächlich ist mit „Richtung" gemeint, dass das entstehende Objekt bei „Nach oben" als Erhöhung, bei „Unten" als Vertiefung wahrgenommen wird.

Abgeflachte Kante und Relief: Größe

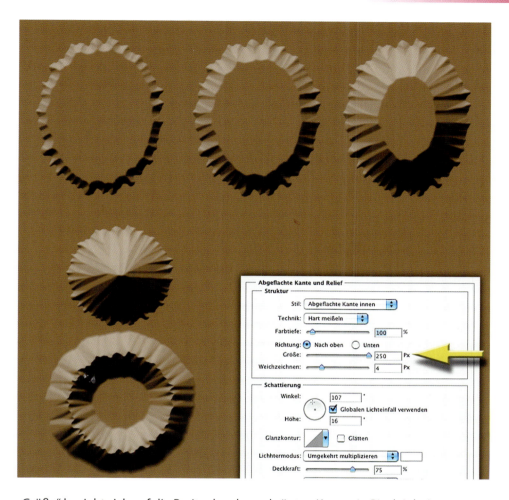

„Größe" bezieht sich auf die Breite der abgeschrägten Kontur in Pixeleinheiten. Es handelt sich also um ein absolutes Maß, das zudem von der Bildauflösung abhängig ist, da sich eine 100-Pixel-Kontur bei einem Bilddokument mit 72 ppi natürlich anders auswirkt als bei 300 ppi. Die Kontur wächst in der oberen Reihe von 50 Pixel über 100 bis 200; die vulkankegelförmige Spitze in der Mitte links zeigt das Maximum von 250 Pixel – Formen mit einem Durchmesser von mehr als 500 Pixel lassen sich also nicht in dieser Weise bis auf einen Punkt „zuspitzen" (Ausweg: Mit kleinerer Form arbeiten, Effekt anwenden, dann fest als Pixel zuweisen; vergleiche Seite 102 ff.). Der Krater links unten entstand mit der „Stil"-Option „Relief an allen Kanten".

15|26   Abgeflachte Kante und Relief: Weichzeichnen

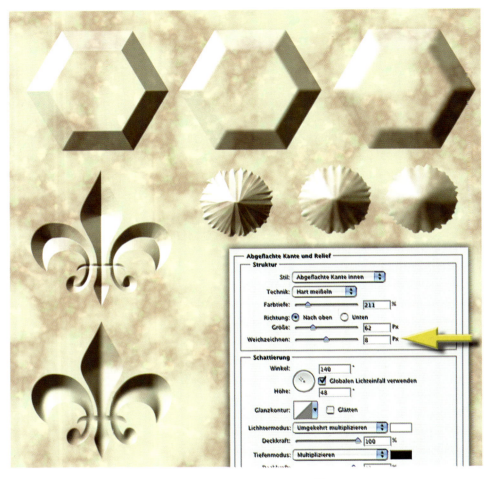

Der Regler für das „Weichzeichnen" dient nicht dazu, das Bild selbst weicher zu machen, sondern die schattierten Konturen. Sie erkennen das in der oberen Reihe gut daran, dass die marmorierte Oberfläche selbst unverändert bleibt, während die Kantenschärfe von links nach rechts abnimmt; wie bei den Beispielen darunter wurden die Werte 0, 8 und – das Maximum – 16 Pixel Weichzeichnungsradius angewandt. Der Effekt wirkt sich bei allen „Techniken" der Konturenfestlegung (vergleiche Seite 22) aus.

Tipp:
Um einen Effekt auf das Bild oder eine Struktur darunterliegender Ebenen anzuwenden, gibt es zwei Möglichkeiten: Erzeugen Sie eine Auswahl und duplizieren Sie den Bereich – hier etwa das Sechseck – auf eine neue Ebene, wo Sie den Effekt zuweisen. Oder verwenden Sie ihn auf einer neuen Ebene mit einer pixelgefüllten Auswahl und setzen Sie den Wert „Fläche" auf Null (Seite 98).

Photoshop-Basiswissen – Edition DOCMA

Abgeflachte Kante und Relief: Beleuchtung 15|27

Auch wenn Photoshop kein 3D-Programm ist und daher Räumlichkeit immer nur simulieren kann, wirkt die Positionierung einer Lichtquelle unter „Schattierung > Winkel/Höhe" recht überzeugend. Sie beeinflussen die Beleuchtung, indem Sie das kleine Kreuz innerhalb des Kreises verschieben. Stellen Sie ihn sich als eine die Szene überwölbende Halbkugel vor, auf der Sie einen Scheinwerfer befestigen; vom äußeren Rand her wirft er lange Schatten, von oben kurze. Für die exakte Feinabstimmung verwenden Sie die numerischen Werte für „Winkel" und „Höhe", per Tastatur oder mit den Pfeiltasten.

Tipp:
Entscheiden Sie vorab, ob weitere, bereits zugewiesene Effekte die Beleuchtungsrichtung bestimmen sollen oder ob Sie die für die Kante separat bestimmen wollen. Mehr zum Eintrag „Globaler Lichteinfall" finden Sie auf Seite 60.

15|28 Abgeflachte Kante und Relief: Lichtermodus

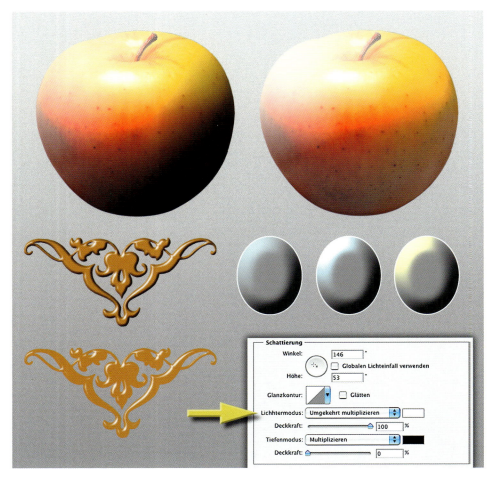

Zur helligkeitsbezogenen Herausarbeitung der Kanten stellt Photoshop zwei unabhängig voneinander einstellbare Regler bereit, den einen zur Aufhellung der dem Licht zugewandten Kanten, den anderen zur Abdunklung der im Schatten liegenden. Sie können bei beiden drei Parameter beeinflussen: Deckkraft, Modus und Farbe, die letztgenannte, indem Sie in das kleine Farbfeld rechts doppelklicken. Die Ovale demonstrieren die Wahl von Blau und Gelb statt Weiß sowie andere Lichtermodi statt des voreingestellten „Umgekehrt multiplizieren". Mitunter benötigt man für ein Projekt eine plastische Aufhellung ohne gleichzeitige Abdunklung der gegenüberliegenden Kanten; der rechte Apfel und das untere Ornament zeigen entsprechende Anwendungen. Setzen Sie in einem solchen Fall die Deckkraft von „Tiefenmodus" einfach auf Null.

Abgeflachte Kante und Relief: Tiefenmodus

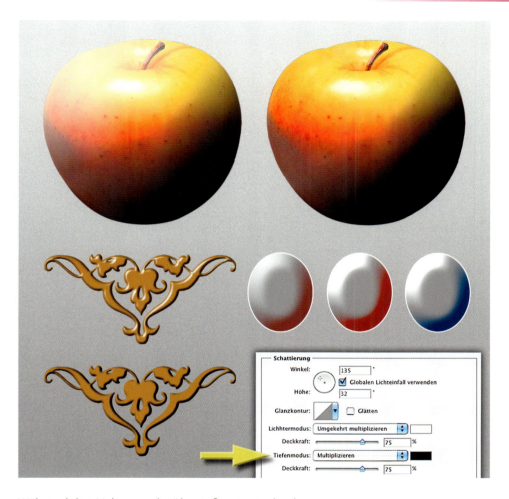

Während der „Lichtermodus" beeinflusst, wie die der simulierten Lichtquelle zugewandten Kanten aufgehellt werden, bestimmt der „Tiefenmodus" die Schattierung der lichtabgewandten Seite. Die Einstellungen entsprechen denen des Lichtermodus auf der vorausgehenden Seite. Auch hier haben Sie die Möglichkeit, statt der Farbe Schwarz und des Modus „Multiplizieren" andere Farben und Modi auszuprobieren beziehungsweise den Lichtermodus ganz auszuschalten, um nur eine Schattierung hervorzurufen.

15|30 Abgeflachte Kante und Relief: Glanzkontur

Es ist wichtig, zwischen der Glanzwirkung einer Kontur und ihrer Form (Seite 31) zu unterscheiden. Die „Glanzkontur" beeinflusst, wie sich das Licht in diesem Konturbereich verhält. Die vorgegebene Glanzkontur ist eine glatte Diagonale von rechts oben nach links unten; Sie sehen sie in der geöffneten Konturenpalette (rechts) links oben. Dies ist die einfachste Form, die einer schrägen Abkantung entspricht. Diese Palette öffnen Sie, indem Sie das kleine Feld mit der Miniaturansicht der Glanzkontur doppelt anklicken. Die Option „Glätten" rechts neben der Miniatur wirkt sich besonders bei zackigen Konturformen und kleinen Objekten – wie den gelben Sternen in der Bildmitte – aus. Experimentieren Sie auch mit anderen „Stilen" wie etwa „Abgeflachte Kante außen" (Seite 21).

Abgeflachte Kante und Relief: Kontur

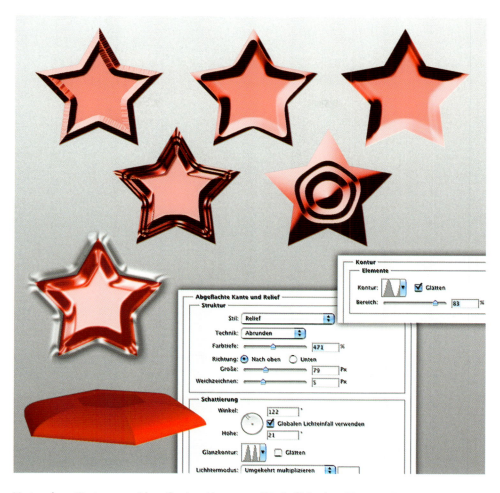

Unter dem Eintrag zu „Abgeflachte Kante und Relief" finden Sie zwei Untereinträge: „Kontur" und „Struktur". Während die zuvor beschriebene Glanzkontur eben das beeinflusst, was ihr Name sagt, bestimmt „Kontur" die Form der Kante. Stellen Sie sich die in der Miniaturansicht gezeigte Kurve als Querschnitt durch den Rand eines Objekts vor; das aus Illustrator importierte 3D-Fünfeck unten links zeigt etwa eine abgerundete Kante. Die Einstellungen für „Kontur" (Mitte rechts) erlauben zusätzlich zur Glanzkontur eine eigene Konturform; „Bereich" steht für dessen Ausdehnung. Die Wechselwirkungen zwischen Glanzkontur und Konturform lassen sich am besten durch Ausprobieren herausfinden. Der Stil „Hart meißeln" führt zu umrissorientierten Formen, während „Abrunden" diesem Umriss nur angenähert folgt.

15|32   Kontur: Bereich

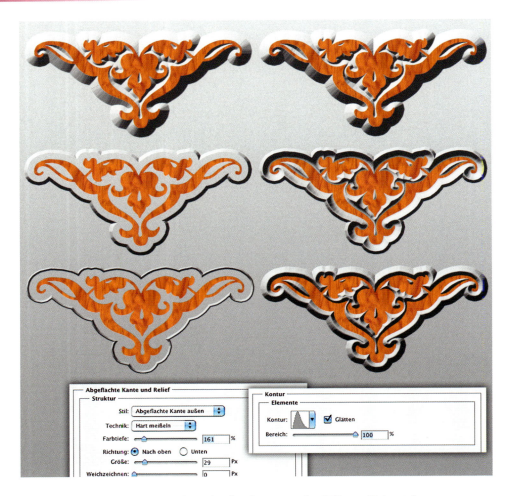

Der Ebeneneffekt „Kontur" – als umlaufende Linie oder Füllung (Seite 46) darf nicht mit der Konturzuweisung unter „Abgeflachte Kante und Relief" verwechselt werden. Beginnen Sie mit der einfachsten Glanzkontur, der glatten Schräge von links unten nach rechts oben. Weisen Sie unter dem Untereintrag „Kontur" der (Form)-Kontur dasselbe Profil zu (oben rechts), so ändert sich zunächst nichts am sichtbaren Bild. Änderungen ergeben sich erst dann, wenn Sie nun den Regler für „Bereich" verschieben. Er dehnt diese Zone aus beziehungsweise lässt sie zusammenschrumpfen. So zeigen beide Beispiele in der unteren Reihe das im rechten Kontur-Fenster erkennbare Profil, links mit einem kleinen, rechts mit einem großen „Bereich".

Photoshop-Basiswissen – Edition DOCMA

Kontur: Bereich

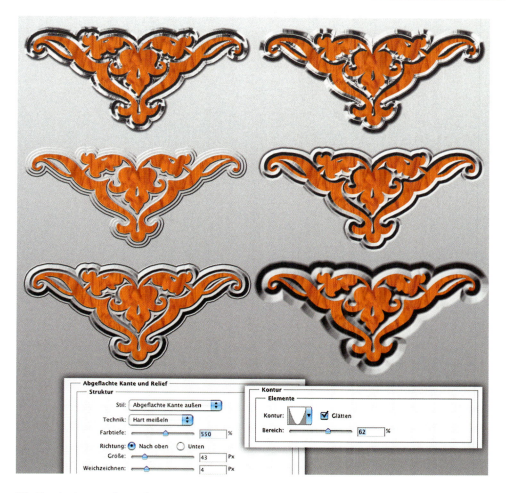

Die Erscheinungsform der Kontur können Sie über das gewählte Profil und die „Bereich"-Einstellung regeln, aber auch die Parameter von „Abgeflachte Kante und Relief" wie „Farbtiefe", „Größe" und „Weichzeichnen" wirken sich hier aus. Wie erwähnt, ist es zu empfehlen, als Technik „Hart meißeln" vorzugeben, da bei „Abrunden" Glanz- und Formkontur nicht mehr genau zusammenpassen. Ebenso ist es sinnvoll, immer die Option „Glätten" einzuschalten, da dies die resultierenden Konturen feiner und exakter erscheinen lässt.

Kontur-Editor

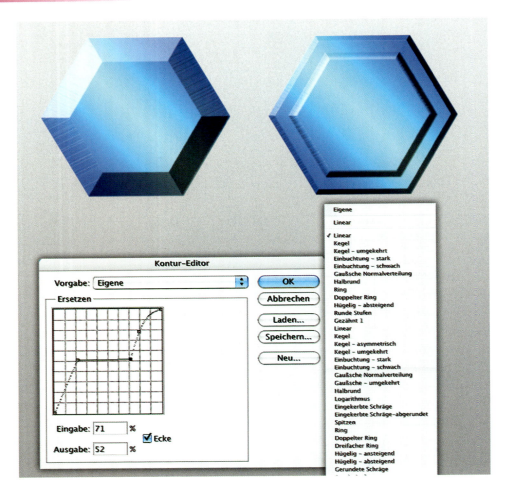

Klicken Sie im Einstellungsfeld der Glanz- oder Formkontur auf die Miniaturdarstellung der Kurve, die das Profil der Kontur bestimmt, so öffnet sich ein neues Fenster: der Kontur-Editor. Wenn Sie bereits Erfahrungen mit den Gradationskurven gesammelt haben (Edition DOCMA Band 2 „Farbkorrektur für Fotografen, Seite 20 ff.), dann sollte Ihnen die Handhabung dieser Kurve keine Probleme bereiten. Sie können an jeder Stelle der Kurve klicken und den entstehenden Punkt verlagern. Der gerade bearbeitete Punkt wird schwarz angezeigt, alle anderen gerahmt. Ziehen Sie lediglich, verändert sich die Form der Kurve, klicken Sie bei einem aktivierten Punkt auf das Optionsfeld „Ecke", entsteht ein Eckpunkt mit einem Winkel zu benachbarten Kurvensegmenten. Die „Eingabe/Ausgabe"-Felder zeigen die Vorher-Nachher-Position.

Kontur-Palette 15|35

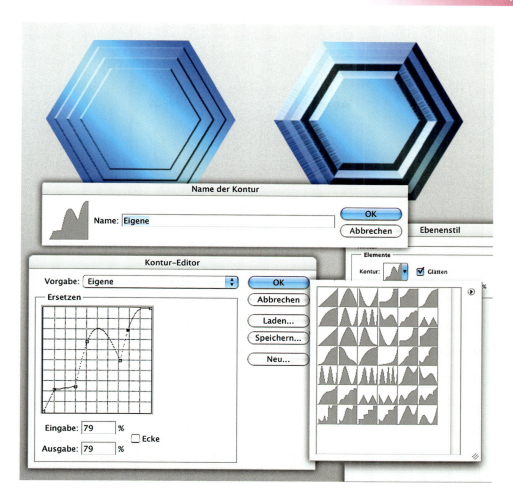

Haben Sie eine Kurve konstruiert, mit der Sie zufrieden sind und von der Sie sich vorstellen können, Sie später erneut einzusetzen, ist es eventuell sinnvoll, sie dauerhaft aufzubewahren. Klicken Sie dazu auf das „Neu"-Feld; die Kontur wird am Ende der Konturen-Palette angefügt. Klicken auf „Speichern", das Sie automatisch zum Vorgaben-Ordner „Konturen" führt, wo die Kurve mit der Endung „.shc" abgelegt wird, sichert das ganze Set. Alle Kurven, auf die Sie aktuell zugreifen können, sind in der Palette aufgeführt. Für ihre Darstellung können Sie unter diversen Formen wählen, indem Sie auf den kleinen Pfeil rechts oben in der Palette klicken. Zugang zu den Konturen haben Sie außerdem unter „Bearbeiten > Vorgaben-Manager > Konturen". Klicken mit der Alt-Taste auf eines der Felder löscht den entsprechenden Eintrag.

15|36 Abgeflachte Kante und Relief: Struktur

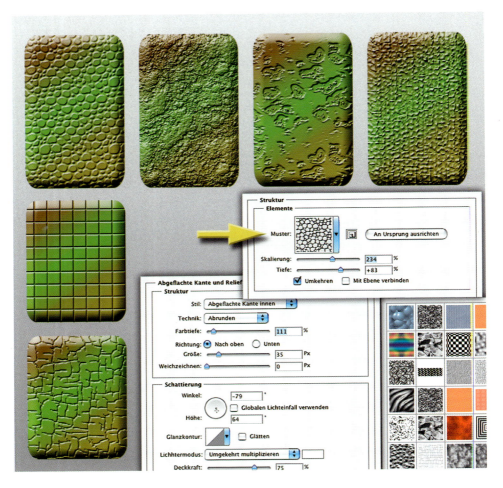

Der zweite Eintrag unter „Abgeflachte Kante und Relief" heißt „Struktur" (Mitte rechts). Ein Doppelklick auf die Miniaturansicht der Strukturen öffnet eine Palette, die alle gespeicherten Muster zeigt (rechts unten). Während diese als Muster einschließlich ihrer Farben und Helligkeitswerte jedoch über „Musterüberlagerung" zugewiesen werden (Seiten 18 und 48 ff.), verwenden Sie „Struktur" dazu, eine plastisch wirkende Oberflächenprägung zu erzeugen. Dabei werden lediglich die Helligkeitsinformationen herangezogen; wobei helle Musterbereiche als erhaben, dunkle als vertieft interpretiert werden (siehe auch „Umkehren" auf Seite 37). Mehr zum Anlegen eigener, bruchlos anschließender Wiederholungsmuster finden Sie auf Seite 49; eine hilfreiche Zusammenstellung schöner Muster auf der CD zu „Das Photoshop-Wow!-Buch".

Photoshop-Basiswissen – Edition DOCMA

Abgeflachte Kante und Relief: Strukturskalierung und -tiefe 15|37

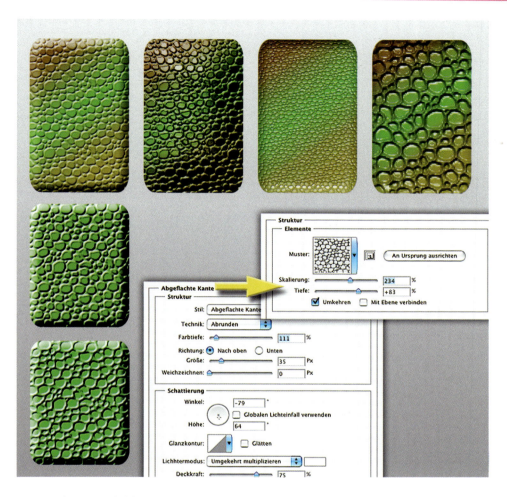

Das Erscheinungsbild einer Struktur lässt sich mit verschiedenen Methoden beeinflussen. Zum einen gibt es im „Struktur"-Fenster (Mitte rechts) zwei Regler für „Skalierung" und „Tiefe". Die Skalierung steht als Vorgabe auf 100 Prozent, um Unschärfe zu vermeiden, sollten Sie feste Größen wie 50, 25 oder 200 und 400 Prozent verwenden. „Tiefe" definiert, wie stark die Prägung erscheint, sie reicht von -1 000 bis +1 000 Prozent. Dabei ist die Ausprägung eines negativen Wertes identisch mit der des positiven und der aktivierten Option „Umkehren"; die Beispiele links unten zeigen eine erhabene und eine eingeprägte Struktur. Neben diesen Parametern bestimmen aber auch die sonstigen Vorgaben wie Beleuchtung, „Größe" oder „Farbtiefe" das Ergebnis erheblich.

Band 15 – Ebeneneffekte

15|38 Abgeflachte Kante und Relief: Strukturverknüpfung

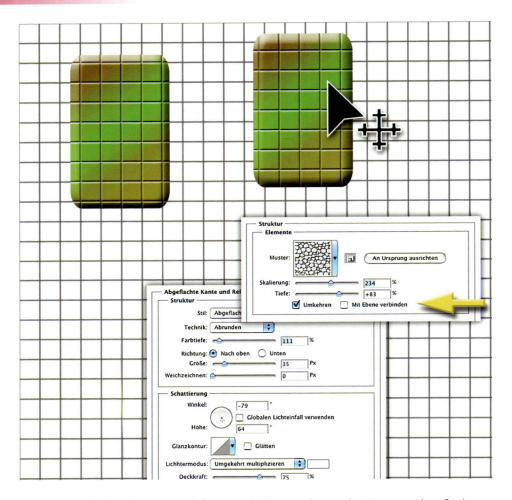

Sie können die Struktur manuell frei verschieben, so lange das Fenster „Abgeflachte Kante und Relief" geöffnet ist. Dabei wirken die Pixel der Ebene wie ein Loch, durch das Sie im Hintergrund die verlagerte Struktur sehen. Es gibt zwei Optionen, mit denen Sie eine Verknüpfung der Struktur vornehmen können: „Am Ursprung ausrichten" bedeutet, dass die Struktur an der linken oberen Ecke der Arbeitsfläche fixiert wird und von dort aus die Anschlusskachelungen berechnet werden; das ist sinnvoll, wenn Sie gewährleisten wollen, dass alle Elemente mit dem Muster in identischen Abständen verbunden sind. Das Muster ist hier im Hintergrund Grau auf Weiß dargestellt. Aktivieren Sie „Mit Ebene verbinden", so können Sie später Ebenenelemente mit dem Bewegen-Werkzeug einschließlich der Struktur frei verschieben (oben rechts).

Deckkraft 15|39

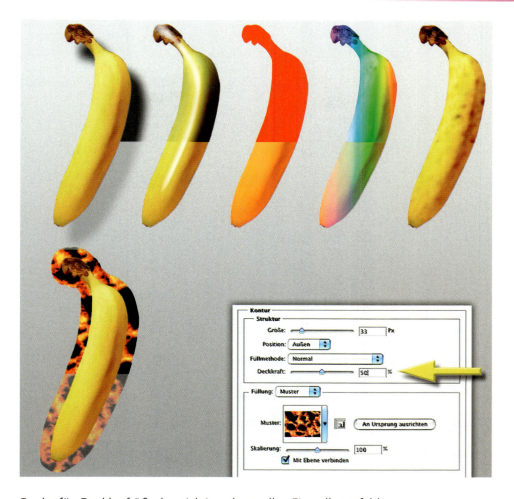

Regler für „Deckkraft" finden sich in nahezu allen Einstellungsfeldern der Ebeneneffekte. Sie funktionieren in derselben Weise wie an allen anderen Stellen des Programms auch: Mittels eines Schiebereglers oder durch numerische Eingabe in ein entsprechendes Feld definieren Sie, wie stark oder schwach sich ein bestimmter Wert zwischen 0 und 100 Prozent auswirken soll. Achten Sie darauf, dass es einen erheblichen Unterschied bedeutet, ob Sie die Deckkrafteinstellung an dieser Stelle für den Effekt oder als Füllmethode für die zugewiesene Ebene vornehmen, da dort die Pixel selbst ebenso von der veränderten Transparenz betroffen sind (siehe dazu auch Seite 65).

Band 15 – Ebeneneffekte

Distanz

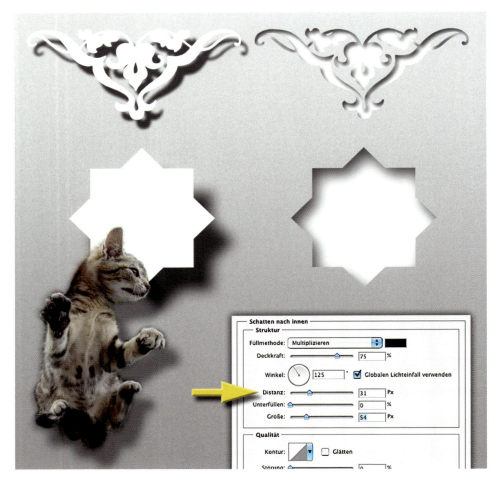

„Distanz" erscheint in den beiden Einstellungsfeldern von „Schlagschatten" und „Schatten nach innen". Sie gibt im engeren Sinne an, welcher Abstand zwischen dem Rand des Objekts und dem des Schattens erzeugt wird. Das entspricht ungefähr dem Abstand der schattenwerfenden Ebene und jener, auf die der Schatten geworfen wird. Berücksichtigen Sie dabei, wie bereits weiter vorn erwähnt, dass Photoshop auch dann, wenn es anders aussieht, keine Schatten dreidimensionaler Objekte unterstützt, sondern nur deren flächige Entsprechung. Der „Schlagschatten" des Kätzchens ist nur dann korrekt, wenn man dieses nicht als Körper mit ausgestreckten Beinen betrachtet, sondern als flaches, ausgeschnittenes Foto. Da „Schatten nach innen" meist solche flächigen Gegebenheiten darstellt, ist dieser daher richtig konstruiert.

Füllfarbe

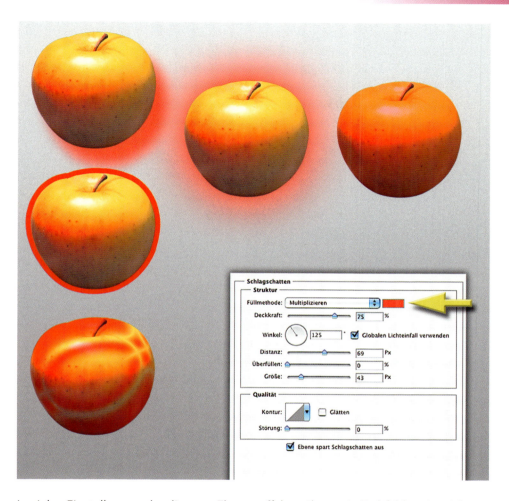

In vielen Einstellungen der diversen Ebeneneffekte gibt es ein Farbfeld; es ist nicht mit einem Namen versehen, sondern sollte aus sich selbst heraus verständlich sein. Es betrifft sowohl Effekte, die direkt Farben zuweisen wie „Farbüberlagerung" oder „Kontur" als auch Felder, die etwa bestimmen, wie unter „Abgeflachte Kante und Relief" die Licht- oder Schattenkanten berechnet werden sollen. Hier sind die vorgegebenen „Farben" Schwarz und Weiß; sie definieren gemeinsam mit der „Füllmethode" (Seite 42 f.) das sichtbare Ergebnis, können aber bei Bedarf durch eigene Farbzuweisungen ersetzt werden. Arbeiten Sie häufig mit einer von der Voreinstellung abweichenden Variante, ist es unter Praxisbedingungen oft sinnvoll, diese als schnell wählbaren Ebenenstil dauerhaft zu sichern (Seite 92).

15|42 Füllmethode

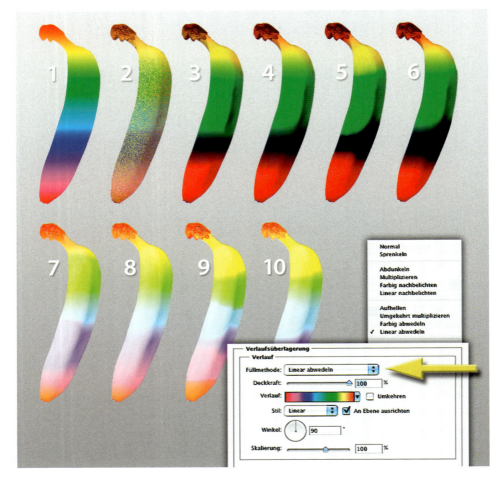

Auf dieser Doppelseite sehen Sie die von Photoshop unterstützten „Füllmethoden" im Vergleich. Leider können sie hier nur in der Druckwiedergabe mit subtraktiven CMYK-Farben wiedergegeben werden, die sich bei diesen Nuancen erheblich von der RGB-Ansicht am Monitor unterscheiden. Manche im RGB-Modus klar unterscheidbare Farbverteilungen sind im Druck fast identisch. Die Ihnen aus früheren Abbildungen vertraute Banane wurde mit dem Ebeneneffekt „Verlaufsüberlagerung" mit einem Spektralverlauf (links oben) verrechnet. Die Füllmethoden stehen für diverse Verfahren, aus vorhandenen und hinzugefügten Farben ein Ergebnis zu mischen. Eine ausführliche Darstellung der von Photoshop angebotenen Füllmethoden finden Sie in Band 8 der Edition DOCMA „Ebenen".

Füllmethode 15|43

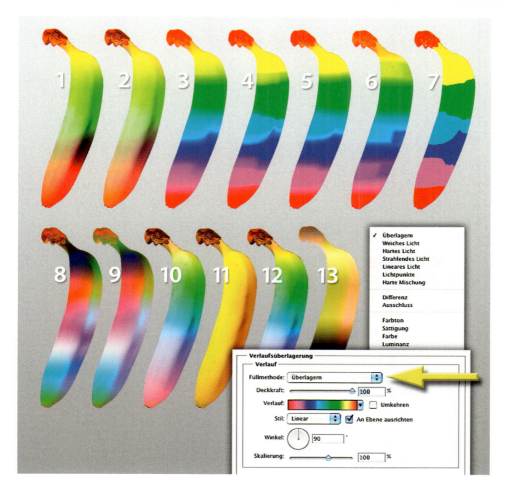

Die jeweils angewandte Füllmethode für den Spektralverlauf entspricht in der Reihenfolge dem eingeblendeten Klappmenü; von links nach rechts sind das auf Seite 42, erste Reihe: Normal [1], Sprenkeln (bei 50 Prozent Deckkraft) [2], Abdunkeln [3], Multiplizieren [4], Farbig nachbelichten [5], Linear nachbelichten [6]; zweite Reihe: Aufhellen [7], Umgekehrt multiplizieren [8], Farbig abwedeln [9], Linear abwedeln [10]. Auf dieser Seite, erste Reihe: Überlagern [1], Weiches Licht [2], Hartes Licht [3], Strahlendes Licht [4], Lineares Licht [5], Lichtpunkte [6], Harte Mischung [7]; zweite Reihe: Differenz [8], Ausschluss [9], Farbton [10], Sättigung [11], Farbe [12], Luminanz [13]. Die Namen als Kürzel der Mischungsergebnisse sowie Kenntnis der zugrunde liegenden Algorithmen helfen kaum weiter; sinnvoll ist ausgiebiges Experimentieren.

15|44   Glanz

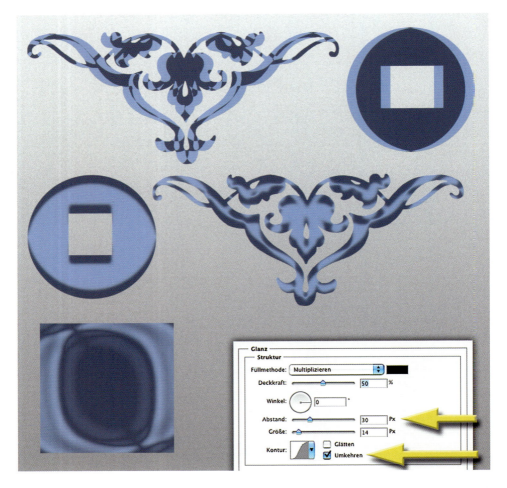

Den Ebeneneffekt „Glanz" haben Sie zwar auf Seite 15 bereits kennengelernt, wir wollen uns hier aber seine Wirkungsweise noch einmal etwas näher anschauen. Am einfachsten ist das bei den beiden Beispielen in der oberen Reihe: Die mit der gewählten Farbe gefüllte Kontur wandert – hier mit einem Winkelversatz von 0 Grad – nach innen und überlappt sich dabei; die Überlappungszone wird negativ dargestellt, zeigt also wieder die Objektfarbe. Bei den beiden Formen in der zweiten Reihe ist die Versatzrichtung 90 Grad, also senkrecht, außerdem ist der Glanzrand nun leicht weichgezeichnet und die Option „Umgekehrt" aktiviert, so dass nun der Überlappungsbereich mit Farbe gefüllt ist. Das Beispiel unten links zeigt eine komplexere Kontur und daher nicht nur eine, sondern viele unterschiedlich schattierte Zonen.

Photoshop-Basiswissen – Edition DOCMA

Größe 15|45

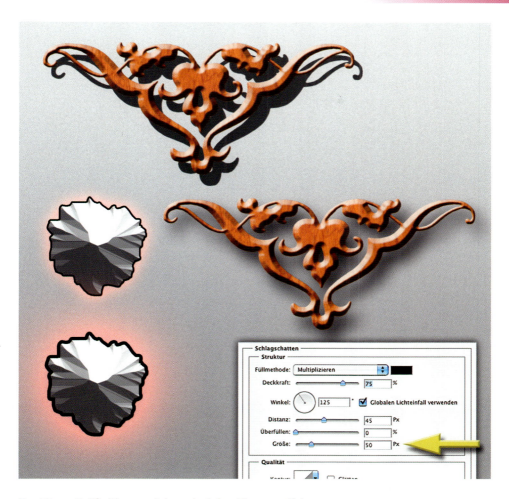

Der Wert „Größe" kennzeichnet bei den Ebeneneffekten meist die Ausdehnung der Weichzeichnungszone, in den beiden Beispielen oben die des Schlagschattens, unten des nach außen gerichteten Scheins. Allerdings ist diese Zuordnung nicht ganz durchgängig – nicht nur bei dem auf der vorausgehenden Seite dargestellten „Glanz" bezeichnet „Größe" die flächige Ausdehnung des Glanzeffekts, bei „Kontur" (links unten, siehe auch Seite 19) die Linienstärke. Diese Uneinheitlichkeit ist für Einsteiger etwas verwirrend.

15|46   Kontur: Position

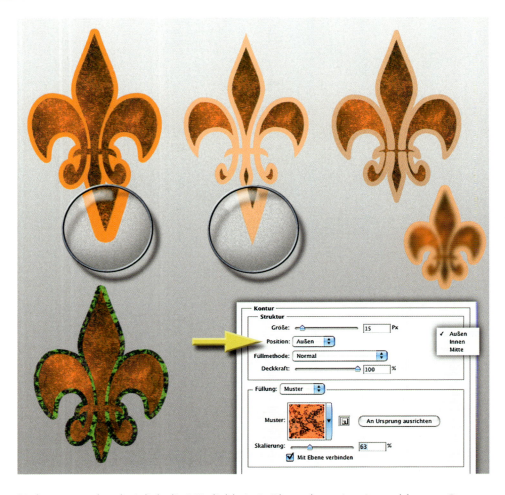

Sie kennen wahrscheinlich die Möglichkeit, in Photoshop eine Auswahl unter „Bearbeiten > Kontur füllen" mit einer Linie einzurahmen. Der Effekt „Kontur" hat demgegenüber Vor- und Nachteile: Vorteile: die Möglichkeit, die Kontur jederzeit hinsichtlich aller Parameter nachzujustieren oder sie ganz zu löschen und sie automatisch allen neuen Pixelgruppen auf der entsprechenden Ebene zuzuweisen. Nachteile: Reduzierung der Deckkraft und Änderung der Füllmethoden machen nicht auf die Pixel der Ebene hin transparent und weiche Objektkonturen führen nicht zu weichen Konturen (Mitte rechts). Sie können die Kontur für Farbe, Verlauf und Muster außen, mittig oder innen auftragen; beachten Sie die sich dabei ergebende Behandlung scharfer Spitzen (Lupe). Die maximale Konturbreite beträgt 250 Pixel.

Photoshop-Basiswissen – Edition DOCMA

Kontur: Füllung 15|47

Konturen lassen sich in den Positionen außen, mittig und innen (Seite 46) mit einer Farbe, einem Verlauf oder einem Muster füllen. Änderungen von Deckkraft und Füllmethode betreffen hier immer nur die Sicht auf darunterliegende Ebenen, nicht jedoch auf die Pixel der Ebene, welcher der Effekt zugewiesen wird und auch nicht auf andere Effekte dieser Ebene. Sie kommen zu interessanten Ergebnissen, wenn Sie etwa die Kontur innen auftragen und mit einem Verlauf im Stil „Explosion" füllen (Mitte links, blau); diese Form ist mit einer Verlaufsüberlagerung nicht realisierbar; ebenso sind Kombinationen aus Musterüberlagerung und Musterkontur möglich. Um für die Kontur einen vorhandenen Verlauf zu wählen, zu ändern oder um einen neuen anzulegen, klicken Sie auf den Verlaufsbalken, was automatisch das Verlaufswerkzeug öffnet.

15|48   Musterfüllung: Skalierung

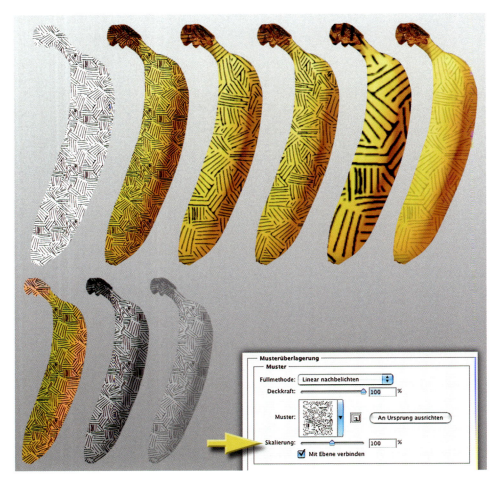

Ähnlich wie (Linien-)Konturen können Sie Flächenfüllungen mit Mustern über „Bearbeiten > Fläche füllen" vornehmen. Auch hier kommt es darauf an, was Sie weiter tun wollen: Bei der direkten Flächenfüllung lassen sich die Pixel des Musters bei Bedarf anschließend direkt weiterbearbeiten, beim Effekt „Musterfüllung" sind Sie dagegen freier und können das Muster skalieren und austauschen. Anders als „Kontur" wirkt sich hier die „Füllmethode" so aus, dass sich die Musterfarben mit denen der Pixel der zugehörigen Ebene mischen (oben: Normal, linear nachbelichten). Unten rechts dagegen wurde die Ebene selbst auf abweichende Modi gesetzt (Farbe, Luminanz, Luminanz bei 50 Prozent Deckkraft). Skalieren Sie Muster möglichst auf 50, 100, 200 oder 400 Prozent; Zwischenwerte (die vierte Banane oben) wirken unscharf.

Photoshop-Basiswissen – Edition DOCMA

Muster vorbereiten 15|49

Aber wie erhalten Sie überhaupt ein Muster, das ohne Bruchstellen eine beliebig große Fläche füllen kann? Da dies nicht Gegenstand dieses Buches ist, dazu nur ein kurzer Schnelldurchgang (mehr in DOCMA 16, Seite 34 ff.). Oben links sehen Sie ein Ausgangsfoto, das insgesamt ausgewählt und über „Bearbeiten > Muster festlegen" als Füllung definiert und oben rechts angewandt wurde. Die Brüche der einzelnen Kachelungen sind deutlich erkennbar. Ermitteln Sie die „Bildgröße" und geben Sie etwa die Hälfte der Pixelwerte in den numerischen Feldern des Filters „Verschiebungseffekt" (unter „Sonstige") ein. Die vier Bildecken treffen sich nun in der Mitte. Retuschieren Sie alle Übergänge und machen Sie das gesamte Bild zum Muster. Die Musterfüllung unten rechts zeigt nun eine kontinuierliche, bruchlose Struktur.

Band 15 – Ebeneneffekte

15|50 Musterfüllung: Muster wählen

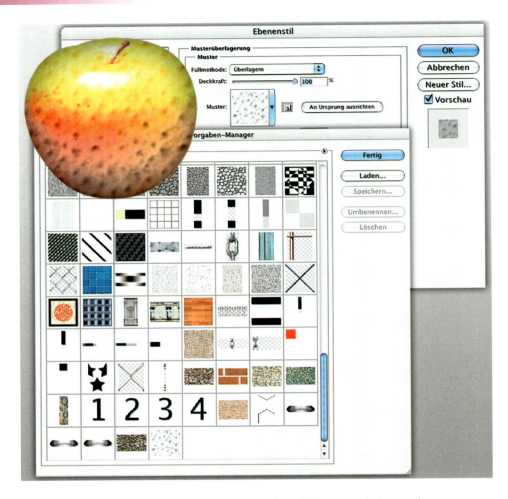

Nachdem Sie das Muster auf diese Weise gesichert haben, erscheint es als neuer, letzter Eintrag in Ihrer Musterpalette. Diese Sicherung ist allerdings nicht wirklich endgültig sicher – bei einem Programmabsturz können solche Einstellungen verloren gehen. Besser ist es, gelegentlich über „Bearbeiten > Vorgaben-Manager" alle Felder des Muster-Sets auszuwählen und im Vorgaben-Ordner zu sichern; das gilt in derselben Weise auch für andere Vorgaben wie etwa Werkzeugspitzen, Konturen oder Verläufe. Einzelne Felder löschen Sie, indem Sie mit gedrückter Alt-Taste darauf klicken. Einige Muster liefert Photoshop mit, im Web können Sie gewaltige Mengen davon herunterladen, wenn Sie nach „Photoshop pattern" suchen.

Musterfüllung: Am Ursprung ausrichten 15|51

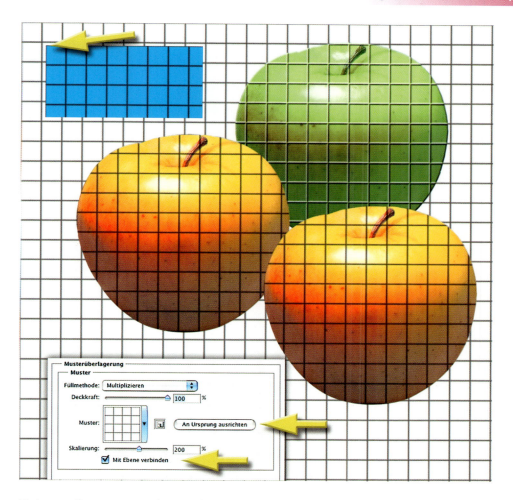

Einigermaßen verwirrend ist es, dass die Option „Am Ursprung ausrichten" bei der Musterfüllung anders definiert ist als bei „Struktur" unter „Abgeflachte Kante und Relief" (Seite 38). Während dort – wie das Beispiel des grünen Apfels oben noch einmal zeigt – das Anklicken dieser Option im Einstellungsfeld dazu führt, dass eine auf das Arbeitsblatt insgesamt bezogene, sich von der linken oberen Ecke ausbreitende Flächenfüllung zugrunde gelegt wird, bezieht sich derselbe Eintrag bei „Musterfüllung" auf die Koordinaten des Objekts. Sie erkennen das zum Beispiel daran, dass der Stiel der beiden Äpfel exakt an derselben Stelle des als Muster verwendeten Rastergitters liegt. Noch klarer wird es bei dem blauen Rechteck oben: Seine linke obere Ecke fällt genau mit dem Start der Musterkachelung zusammen.

Band 15 – Ebeneneffekte

Schein: Technik

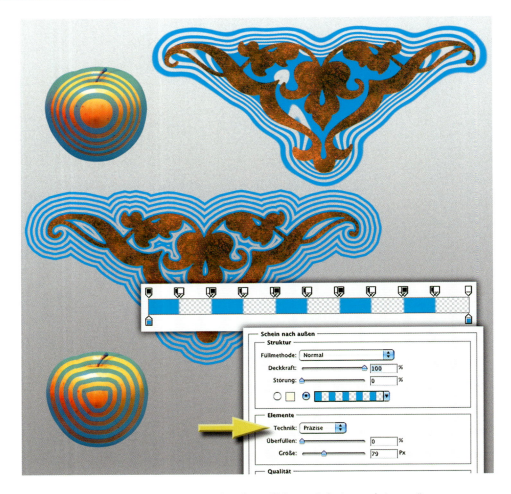

Für den Eintrag „Technik" ist bei den beiden Effekten „Schein nach innen" beziehungsweise „nach außen" die Vorgabe „Weicher" eingestellt. Sie sehen das hier mit einem Verlauf angewandt, der aus fünf blauen Farb- und fünf Transparenzzonen besteht. Die beiden Beispiele oben zeigen die Umsetzung dieser Vorgabe nach innen und außen. Die Verlaufsformen des Scheins sind zwar an der Objektform orientiert, folgen dieser aber nur näherungsweise. Eine exaktere Umsetzung sehen Sie im unteren Teil; nach Wahl der „Technik"-Vorgabe „Präzise" entsprechen die Schein-Zonen der Kontur exakt. Bei einem üblichen Schein von einer hellen Farbe zu Transparenz wirkt sich dieser Unterschied weniger deutlich aus.

Schein: Quelle 15|53

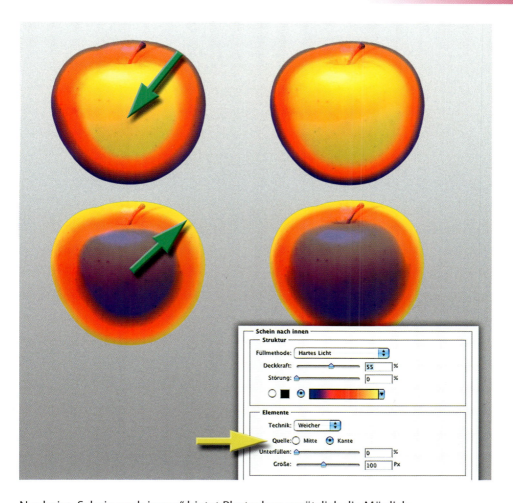

Nur beim „Schein nach innen" bietet Photoshop zusätzlich die Möglichkeit, zwischen zwei „Quellen" zu wählen, an denen sich der Schein orientiert. Die Vorgabe ist „Kante", was bedeutet, das der Verlaufsanfang an der Außenkante der Form beginnt und sich transparent auslaufend oder bis zum Ende des eingestellten Verlaufs nach innen hin ausbreitet; die Ausbreitungszone wird durch den Regler „Größe" bestimmt. Beispiele mit den Techniken „Präzise" und „Weicher" sehen Sie in der oberen Reihe. Die Alternative dazu ist „Mitte" – Verlaufsursprung ist dann das Zentrum des Objekts, von dem aus sich der Schein nach außen zu seinen Rändern hin ausbreitet, wie die unteren beiden Äpfel zeigen.

15|54 Schlagschatten: Aussparung

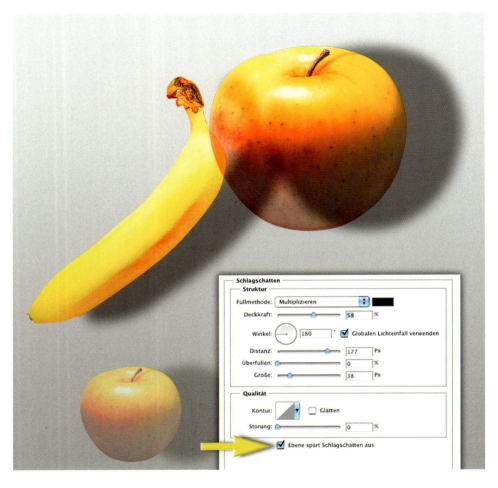

Es ist gar nicht so einfach herauszufinden, was diese Einstellung unter den „Schlagschatten"-Einstellungen eigentlich bewirkt: „Ebene spart Schlagschatten aus". Der Eintrag in der Photoshop-Hilfe ist nicht dazu angetan, mehr darüber herauszufinden – abgesehen davon, dass er auch noch falsch ist. Als Vorgabe ist diese Option aktiviert. Was das bedeutet, zeigt das Beispiel links: Die Ebene der Banane hat den Modus „Hartes Licht", damit sind also die Ebenen darunter, unter anderem der Apfel rechts, zum Teil sichtbar. Trotzdem wird der Schatten nur außerhalb der Banane dargestellt. Beim Apfel oben, ebenfalls auf „Hartes Licht" gesetzt, ist die Option „Ebene spart Schlagschatten aus" dagegen deaktiviert; ihr Schatten ist durch das Objekt hindurch sichtbar. Bei bloßer Deckkraftreduzierung (unten) ist das nicht der Fall.

Photoshop-Basiswissen – Edition DOCMA

Störungen 15|55

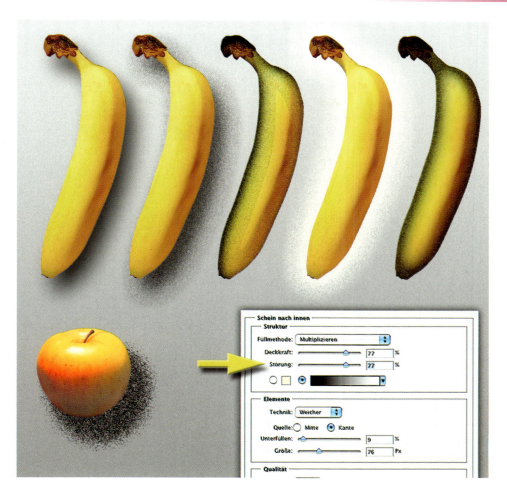

Die ersten vier Ebenenstile bieten die Möglichkeit, Schatten oder Schein körnig aufzulösen: Schlagschatten, Schatten nach innen, Schein nach außen und Schein nach innen. Unterhalb des Deckkraft-Reglers (Seite 39) finden Sie dort jeweils einen Regler für „Störung". Allerdings ähnelt der Effekt, genau betrachtet, eher dem Verrechnungsmodus „Sprenkeln" als dem Filter „Störungen hinzufügen", was Sie sehen, wenn Sie eine entsprechend ausgestattete Ebene verschieben – der zugewiesene Schatten oder Schein bewegt sich dann zwar mit dem Objekt, ihre körnige Struktur dagegen bleibt fixiert. Ein komplett auf „Sprenkeln" gesetzter Schatten (links unten) sieht allerdings anders aus. In der Bildbearbeitungspraxis kann es mitunter sinnvoll sein, einen solchen Effekt passend zum restlichen Foto zur besseren Anpassung leicht zu stören.

15|56 Über- und Unterfüllen

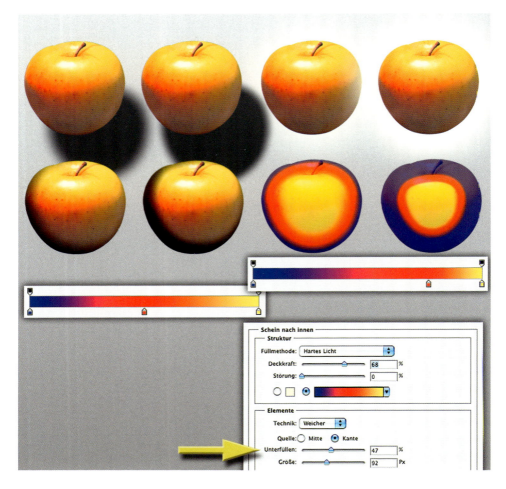

Die vier ersten Ebenenstile haben außerdem den Regler „Über-" beziehungsweise „Unterfüllen" gemeinsam; Überfüllung betrifft die beiden nach außen, Unterfüllung die nach innen gerichteten Effekte. Das jeweils erste Beispiel der vier Paare oben zeigt einen Effekt (Schlagschatten, Schein nach außen – Schatten nach innen, Schein nach innen) ohne, das zweite mit hinzugefügter Über- oder Unterfüllung. Der Effekt macht sich nur dann bemerkbar, wenn Sie dem Schatten oder Schein eine weiche Randzone zugewiesen haben. Innerhalb dieser Verlaufszone wandert die Startfarbe mit steigendem Anteil zunehmend zum Effektrand. Das lässt sich etwa damit vergleichen, dass die mittlere Farbmarke des bei „Schein nach innen" benutzten Verlaufs vom blauen zum gelben Ende verschoben wird (Verlaufsbalken in der Mitte).

Verlaufsüberlagerung: Stil

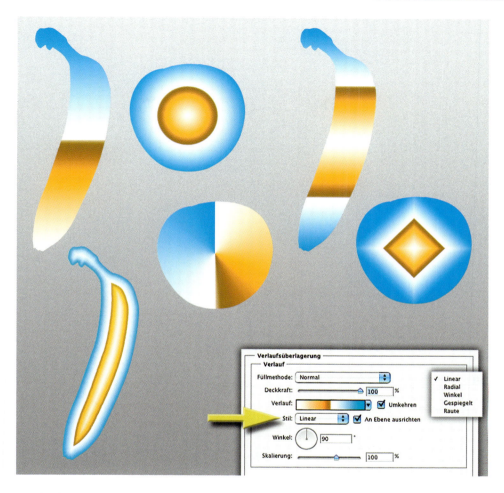

Die fünf "Stile", welche die "Verlaufsüberlagerung" unterstützt, kennen Sie bereits vom Verlaufs-Werkzeug: Linear, radial, Winkel (also radial gedreht), gespiegelt und Raute. Sie wurden oben von links nach rechts angewandt. Alle anderen Parameter, die ich Ihnen auf den folgenden Seiten vorstellen werde, blieben dabei unverändert. Nicht zu diesen fünf "Stilen" der Verlaufsüberlagerung gehört das Beispiel links unten, es zeigt eine innen aufgetragene Kontur (Seite 19 und 47) im Stil "Explosion". Der Umgang mit dieser Verlaufsart unterscheidet sich allerdings grundlegend von der "Verlaufsfüllung", denn während bei dieser die Wahl anderer Füllmethoden und Deckkrafteinstellungen das Objekt der zugeordneten Ebene sichtbar werden lassen, sind das im Falle der Kontur-Verlaufszuweisung die Pixel der darunterliegenden Ebenen.

Band 15 – Ebeneneffekte

15|58 Verlaufsüberlagerung: Winkel

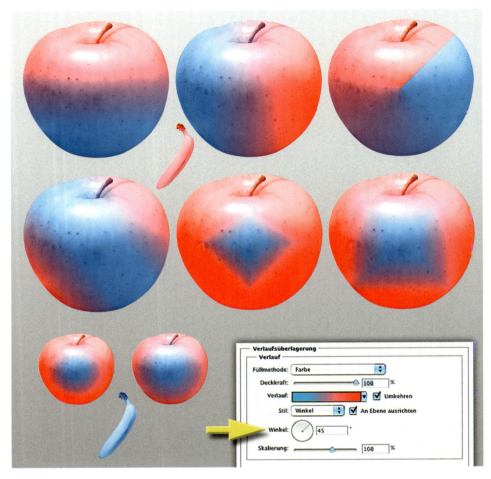

Während Sie den Winkel eines Verlaufs bei Verwendung des Verlaufswerkzeugs durch die Richtung des Ziehens festlegen, geben Sie ihn im Falle von „Verlaufsüberlagerung" numerisch ein oder durch Bewegen des Winkel-Zeigers. Erstaunlicherweise funktioniert das nicht nur bei „linear" und „Winkel" (oben), „gespiegelt" und „Raute" (Mitte), sondern auch bei „radial" (unten); beim linken Apfel beträgt der Winkel 0, beim rechten 45 Grad.

Tipp:
Die Option „An Ebene ausrichten" – die Sie nicht nur an dieser Stelle finden – bedeutet, dass die Füllung mit den Ebenenpixeln fest verknüpft ist und bei deren Verlagerung unverändert mit ihnen an eine neue Position wandert. Schalten Sie diese Option ab – wie im Fall der kleinen Banane –, so bleibt der Verlauf (oder die Musterfüllung) auf das Arbeitsblatt fixiert und das Objekt bewegt sich „darunter" hindurch, ist also je nach Lage unterschiedlich gefärbt.

Photoshop-Basiswissen – Edition DOCMA

Verlaufsüberlagerung: Skalieren

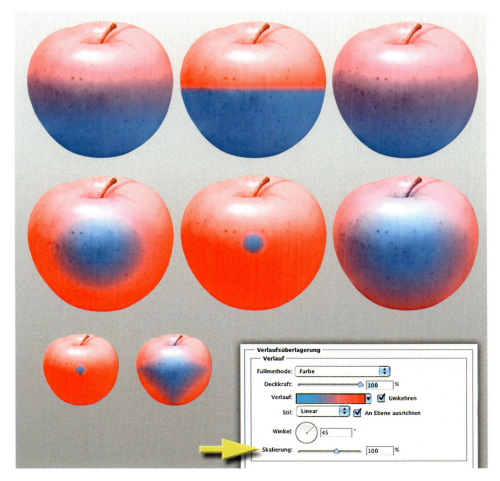

Ein weiterer Wert, dessen Einstellung beeinflusst, wie eine Verlaufsfüllung aussieht, ist „Skalieren". Dieser Eingriff wirkt sich aus beim linearen (oben), radialen (Mitte), gespiegelten und Rauten-Verlauf, dagegen verändert er nicht die Darstellung beim Winkel-Verlauf. Die obere Reihe zeigt die Skalierungswerte 100 (links, Vorgabewert), 25 (Mitte, Minimum) und 150 (rechts, Maximum). Vor allem der Minimalwert verdeutlicht, wie die Skalierung eingreift: Die Farbpositionen werden – ähnlich wie bei Über-/Unterfüllen auf Seite 56 – zusammengeschoben, damit verändern sich die Flächenanteile von Anfangs- und Endfarbe.

Tipp:
Solange das Einstellungsfeld geöffnet ist, können Sie alle Verläufe, unabhängig von ihrem „Stil" manuell direkt verschieben. Das betrifft jedoch nicht die auf Seite 57 beschriebene Kontur-„Explosion".

15|60 Winkel: Globaler Lichteinfall

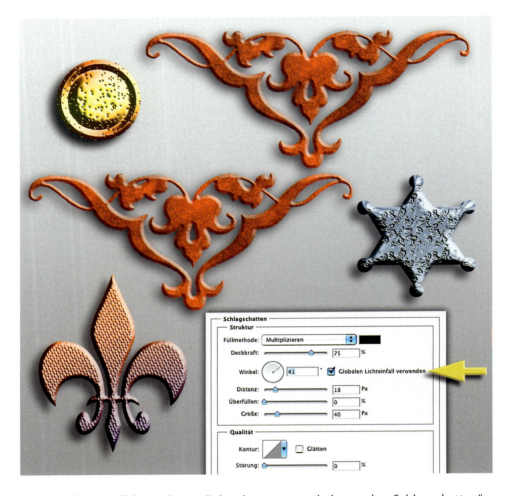

Bei allen Ebeneneffekten, die mit Beleuchtung zu tun haben – also „Schlagschatten", „Schatten nach innen" sowie „Abgeflachte Kante und Relief" –, finden Sie neben den Reglern für den Winkel (Zeiger und numerisches Eingabefeld) die Option „Globalen Lichteinfall verwenden". Als Vorgabe ist diese Einstellung aktiviert. Das ist sinnvoll, weil es eine einheitliche Bildlogik unterstützt: Kommt das Licht etwa bei der Zuweisung des Schlagschattens von rechts oben, ist davon auszugehen, dass auch eine zugewiesene Kante oder die Struktur der Fläche ihr Licht aus derselben Richtung erhalten. Das betrifft nicht allein die Darstellung einer Ebene, sondern sämtliche Ebenen eines Dokuments, da davon auszugehen ist, dass in einer Szene eine gleichartige Beleuchtung herrscht.

Winkel: Globaler Lichteinfall

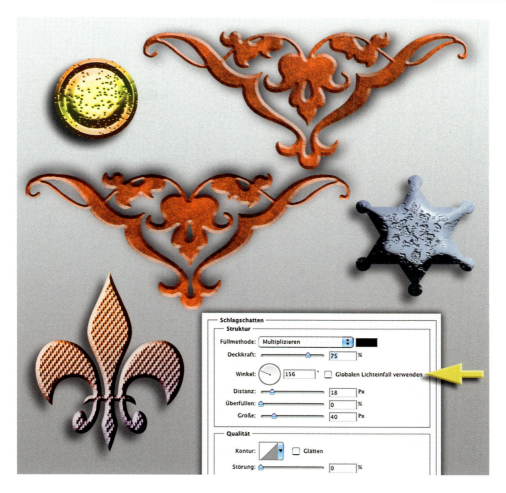

Sie können die Option „Globalen Lichteinfall verwenden" bei Bedarf allerdings auch deaktivieren; da sie eine wichtige Vorgabe ist, müssen Sie das allerdings in jedem Einstellungsfeld erneut tun. Danach können Sie die Beleuchtung für jeden Effekt separat regeln, wobei allerdings eine bildlogische Einheitlichkeit nicht mehr gewahrt ist. So kann – wie bei dem Liliensymbol links unten – der Schlagschatten nach links weisen, was eine Lichtquelle rechts voraussetzt, während die plastische Wirkung sich einer Lichtquelle links verdankt. Schalten Sie diese Option also nur dann aus, wenn Sie einen guten Grund dafür haben.

Fülloptionen

Damit haben wir uns nun einen Überblick verschafft über sämtliche Ebenenstile und die an ihnen beteiligten Parameter – aber fast die Hälfte dieses Buches liegt noch vor Ihnen. Während Schlagschatten oder plastische Kanteneffekte vielen Anwendern mehr oder weniger vertraut sind, werden die Einstellungen im mittleren Teil des Fensters unter „Fülloptionen" vergleichsweise selten eingesetzt. Dabei sind sie nicht weniger wichtig und tragen erheblich dazu bei, Bilder und Montagen genau nach Ihren Wünschen zu gestalten.

Dieses Kapitel wird sich also damit beschäftigen, die verschiedenen „Füllmethoden"-Einstellungen näher unter die Lupe zu nehmen und sie sich daraufhin anzuschauen, was sie in der Praxis leisten können.

Möglicherweise haben Sie viele dieser Einstellungen noch nie ausprobiert, oder, wenn doch, schnell wieder die Finger davon gelassen, weil Sie nicht herausfinden konnten, was die Aktivierung einer bestimmten Option überhaupt bewirkt. Besonderen Wert möchte ich auf die unteren Einträge der Palette legen, wo Sie den Eintrag „Farbbereich" finden. Diese unscheinbaren Regler gehören in der Montagepraxis zu den von mir am häufigsten eingesetzten Werkzeugen.

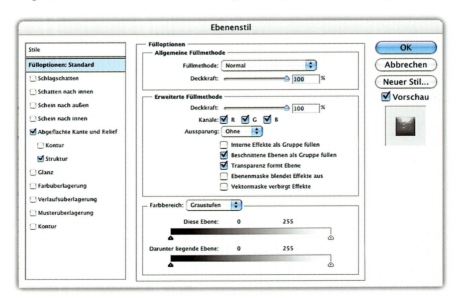

Allgemeine Füllmethode

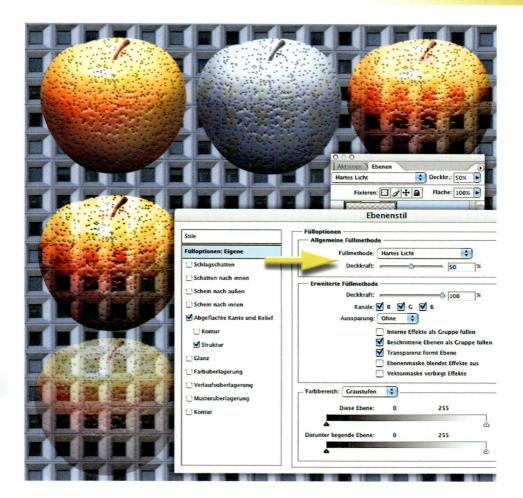

Der obere Bereich dieses Feldes zeigt die „Allgemeine Füllmethode". Die beiden Einträge, die Sie dort finden, sind identisch mit den Einstellungen aus dem oberen Teil der Ebenenpalette (Mitte rechts im Hintergrund): Sie betreffen die bereits vorgestellten Füllmethoden (Seite 42, mehr dazu im Band 8 „Ebenen" der Edition DOCMA) und die Deckkraft der Ebene. Die drei mit „Abgeflachter Kante..." einschließlich „Struktur" versehenen Äpfel oben haben die Füllmethoden „Normal", „Luminanz" und „Hartes Licht". Auch der Apfel in der Mitte links steht auf „Hartes Licht", aber hier wurde die Ebene mit dem Ebeneneffekt vereinigt (mehr ab Seite 102), was deutlich anders aussieht. Der Apfel unten links hat 50 Prozent Deckkraft. Vorzug der Einstellungen an dieser Stelle ist, dass Sie das Einstellungsfeld für Variationen nicht verlassen müssen.

Band 15 – Ebeneneffekte

15|64 Erweiterte Füllmethode: Deckkraft

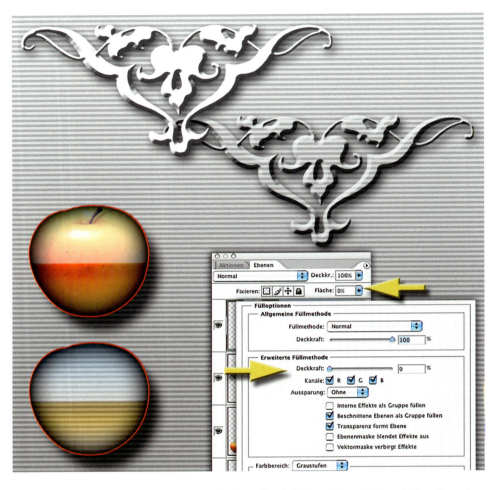

Auch der erste Wert unter „Erweiterte Füllmethode" lässt sich mit identischer Auswirkung oben in der Ebenenpalette direkt einstellen. Es dient allerdings nicht gerade dem nachvollziehbaren Umgang mit Photoshop, dass ein und dieselbe Einstellung an zwei Orten, an denen sie reguliert werden kann, mit unterschiedlichen Namen versehen wird. Denn während unter „Erweiterte Füllmethode" zu lesen ist „Deckkraft" – also die Bezeichnung, mit der auch die Transparenz der Ebene in dem Feld darüber gekennzeichnet wird –, heißt dieser Regler oben in der Ebenenpalette „Fläche". Die meisten Anwender haben damit ohnehin schon genug Probleme, so dass eine uneinheitliche Benennung nicht noch für zusätzliche Verwirrung sorgen müsste. Gemeint ist die Deckkraft der Ebenen-Pixel ohne Berücksichtigung zugewiesener Ebenenstile.

Photoshop-Basiswissen – Edition DOCMA

Erweiterte Füllmethode: Deckkraft

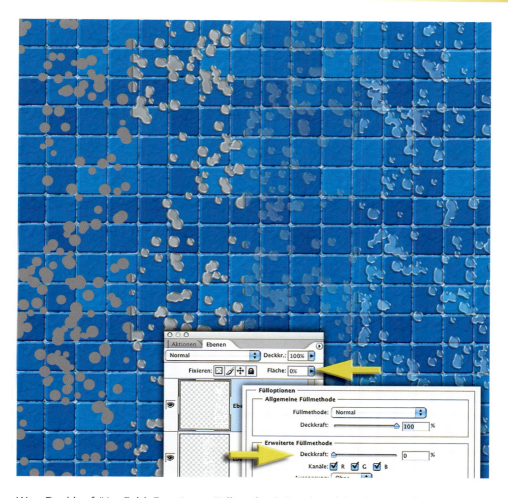

Was „Deckkraft" im Feld „Erweiterte Füllmethode" praktisch bedeutet, sehen Sie in dieser Abbildung: Auf eine Ebene oberhalb der blauen Kacheln wurden mit Größen-, Form- und Streuungsvarianten (Siehe Band 11 „Malen und Zeichnen") vorbereitete runde, graue Malabdrücke gesetzt (links). Sie erhielten diverse Effektzuweisungen. Setzen Sie nun die „Deckkraft" der Ebene herab (dritter Streifen, auf 35 Prozent reduziert), entsteht kein brauchbares Ergebnis. Wird dagegen „Deckkraft" unter „Allgemeine Füllmethode" – identisch mit „Fläche" in der Ebenenpalette – auf Null gesetzt, so führt das zum vollständigen Ausblenden aller Pixel dieser Ebene, während der zugewiesene Ebenenstil selbst sichtbar bleibt (rechts, mehr dazu ab Seite 106).

15|66 Erweiterte Füllmethode: Deckkraft

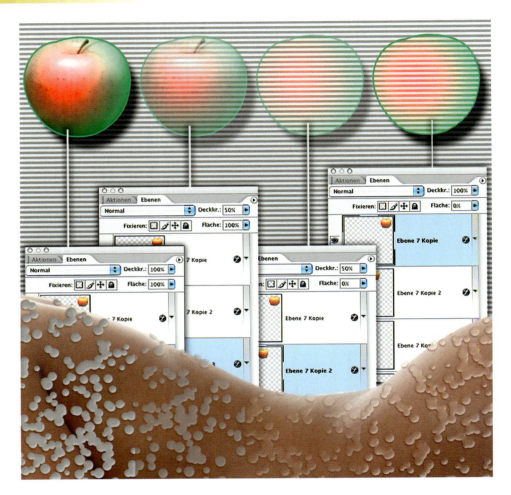

Betrachten wir das Zusammenspiel von Deckkraft der Ebenen-Pixel zur Deckkraft der „Erweiterten Füllmethode" (= „Fläche" in der Ebenenpalette) noch einmal genauer. Die Abbildung zeigt von links nach rechts die Kombinationen von 100/100 – 50/100 – 50/0 und 100/0, oben dargestellt am Beispiel unseres Apfels (mit den Effekten „Schlagschatten", „Kontur" und „Verlaufsüberlagerung", radial, Füllmethode „hartes Licht"), unten am Beispiel der künstlichen Wassertropfen auf Haut. Wenn Sie sich mit diesem Verfahren vertraut gemacht haben, werden Sie zahllose praktische Anwendungsmöglichkeiten finden. So können Sie zum Beispiel Ebeneneffekte mischen, indem Sie einem Ebenenduplikat eine abweichende Musterüberlagerung zuweisen und bei der oberen Ebene, etwa multiplizierend, den „Fläche"-Wert auf Null setzen.

Photoshop-Basiswissen – Edition DOCMA

Kanäle 15|67

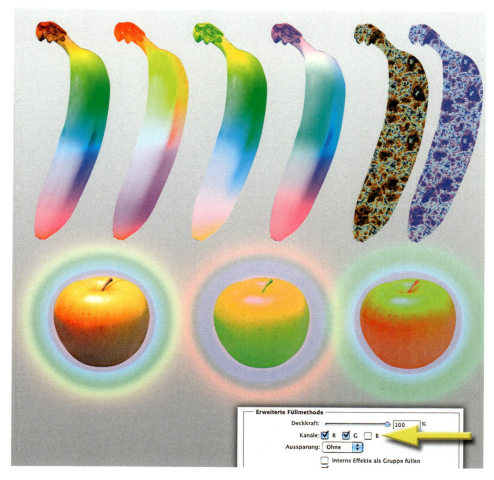

Sie können Effekte bei Bedarf auch nur in bestimmten Farbkanälen wirksam werden lassen. Dazu verwenden Sie unter „Erweiterte Füllmethode" den Eintrag „Kanäle"; je nach Bildmodus sind dort angezeigt die Kanäle R, G, und B; L, A und B oder C, M, Y und K; da Graustufenbilder nur einen Kanal haben, muss gar keiner angezeigt werden. Achtung! Blenden Sie einen Kanal oder mehrere aus, indem Sie das Häkchen durch Anklicken deaktivieren, wird allerdings nicht nur der Effekt, sondern auch das Bild selbst auf dieser Ebene ohne diese Kanäle angezeigt.

Tipp:

Verwandeln Sie eine Bilddatei von einem Farbmodus in einen anderen, so werden wieder sämtliche Farbkanäle eingeblendet. Achten Sie darauf, falls Sie Bilder in RGB bearbeiten und erst für die Druckdatei in CMYK umwandeln. Dagegen hilft die vorausgehende Reduktion auf eine Ebene.

Band 15 – Ebeneneffekte

15|68 Aussparung: Ohne

Der nächste Eintrag unter „Erweiterte Füllmethode" ist „Aussparung"; das aufklappbare Menü dazu bietet drei Varianten: „Ohne", „Leicht" und „Stark". Schauen Sie sich zunächst den Aufbau der Datei an: Im Hintergrund liegt eine Ebene mit Wolken, darüber die freigestellte Frau, dann ein Palmenstamm. Darüber liegen zwei Duplikate der T-Shirt-Fläche: Oben ein unverändertes Duplikat im Modus „Überlagern"; es dient dazu, die Ebene darunter mit der Struktur des gerippten Shirts aufzuhellen und abzudunkeln. Die Ebene mit der Bezeichnung „Muster" gibt ein gewebtes Ornament wieder. Die Aussparung „Ohne" ist die Normeinstellung – die Ebene, welcher der Effekt zugewiesen wurde (mit dem duplizierten Shirt), mischt sich in der gewohnten Weise mit den anderen Ebenen des Bildes.

Photoshop-Basiswissen – Edition DOCMA

Aussparung: Leicht

Um zu verstehen, was die Option „Aussparung" bewirkt, vergleichen Sie sie mit der Ihnen vielleicht vertrauten Schnittmaske (mehr dazu in Edition DOCMA 8 „Ebenen", Seite 104, sowie 9 „Masken und Kanäle", Seite 109). Die Pixel einer Ebene dienen dabei als Maske für die der Ebene darüber, nachdem die obere per Strg-/Befehlstaste-G mit der darunter als Schnittmaske gekoppelt wurde. „Aussparung" geht noch einen Schritt weiter. Sie blendet die Pixel der Ebene aus und machen die Hintergrundebene sichtbar – vorausgesetzt, die dafür gewählte Füllmethode führt zu einer Farbmischung und/oder „Deckkraft" unter „Erweiterte Füllmethode" ist herabgesetzt. Ist keine Hintergrundebene vorhanden, wird in diesem Bereich das Transparenzmuster angezeigt (rechts). Klingt schwierig – ist es auch; also am besten selbst ausprobieren.

Band 15 – Ebeneneffekte

15|70 Aussparung: Ohne/Leicht

Welchen Sinn haben diese Einstellungen jedoch, wenn auf Seite 69 „Leicht" und „Stark" zum selben Ergebnis führen? Unterschiedliche Wirkungen ergeben sich erst, wenn eine Ebene zu einer Gruppe gehört – in diesem Fall entstehen abweichende Resultate. Schauen wir uns zunächst dieses Beispiel an: Der Aufbau der Ebenen gleicht weitgehend dem von Seite 68, allerdings mit dem Unterschied, dass die beiden Duplikate des T-Shirts nun als Gruppe zusammengefasst wurden. Bei „Aussparung > Ohne" ändert sich nichts, bei „Leicht" ist die erste unter der Gruppe liegende Ebene (mit Pixeln innerhalb des betroffenen Bereichs) sichtbar; in diesem Fall also nicht der Palmenstamm, sondern das Original-Shirt. Um das praktisch einzusetzen, denken Sie daran, dass Sie bereits eine einzige Ebene als Gruppe definieren können.

Aussparung: Stark

Setzen Sie bei einer Ebene, die Bestandteil einer Gruppe ist, die Aussparung auf „Stark", reicht der Blick durch alle darunterliegenden Ebenen bis auf die Hintergrundebene, in diesem Fall sind das die Wolken. Wie das konkret aussieht, hängt auch davon ab, welche Füllmethode Sie dieser Ebene zugewiesen haben und wie stark die „Deckkraft" unter „Erweiterte Füllmethode" (= „Fläche" in der Ebenenpalette) eingestellt ist. Das T-Shirt links entspricht dem Einstellungsfenster mit der „Erweiterten Füllmethode" im Vordergrund, die Deckkraft ist dort auf Null herabgesetzt. In der rechten Hälfte dagegen beträgt diese Deckkraft 100 Prozent; die Zuweisung des Modus „Überlagern" (vergleiche die Ebenenpalette rechts auf Seite 70) führt zu diesem Mischungsergebnis.

15|72 Transparenz formt Ebene

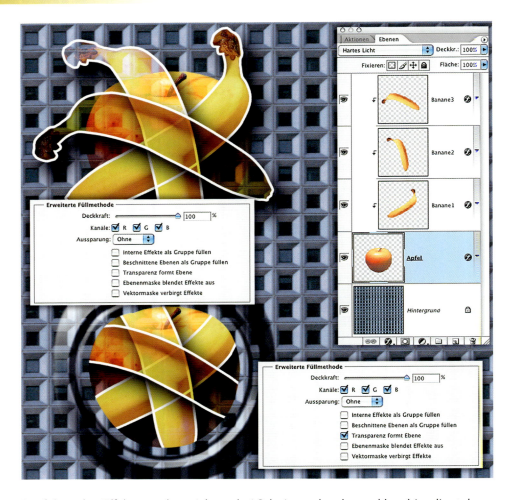

Die folgenden Effekte machen sich nur bei Schnittmasken bemerkbar, hier dient der Apfel als solche für die drei Bananen. Diese haben von oben nach unten die Modi „Multiplizieren", „Aufhellen" und „Normal" mit den Effekten „Schlagschatten" und „Kontur"; der Apfel steht auf „Hartes Licht" und hat eine „Abgeschrägte Kante > außen".
In der Grundeinstellung sind unter „Erweiterte Füllmethode" aktiviert: „Beschnittene Ebenen als Gruppe füllen" (damit nehmen die eingerückten Ebenen den Modus der Apfel-Basisebene an) sowie „Transparenz formt Ebene" (die Pixel der eingerückten Ebene sind außerhalb der Pixelfläche der Basisebene ausgeblendet, unten). Sind diese Optionen deaktiviert (oben), behält zum einen jede Ebene ihren eigenen Modus, zum anderen sind eingerückte Ebenen in voller Ausdehnung sichtbar.

Photoshop-Basiswissen – Edition DOCMA

Beschnittene Ebenen als Gruppe füllen 15|73

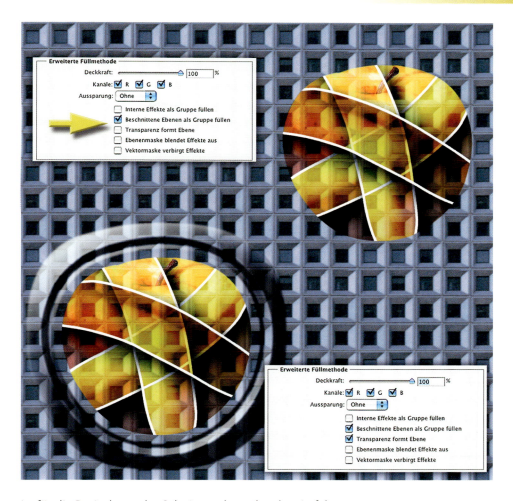

Ist für die Basisebene der Schnittmaske – also den Apfel – nur die Option „Beschnittene Ebenen als Gruppe füllen" aktiviert, so erscheinen alle eingerückten Ebenen im selben Modus (hier „Hartes Licht") wie die Basisebene, unabhängig von eigenen, davon abweichenden Einstellungen (oben). Ebeneneffekte der Basisebene sind in diesem Fall ausgeblendet. In Photoshops Grundeinstellung sind beide Optionen aktiviert: „Beschnittene Ebenen als Gruppe füllen" und „Transparenz formt Ebene" (unten). Die Ebeneneffekte der eingerückten Ebenen bleiben bei Aktivierung beider Optionen sichtbar.

Optionen-Kombination

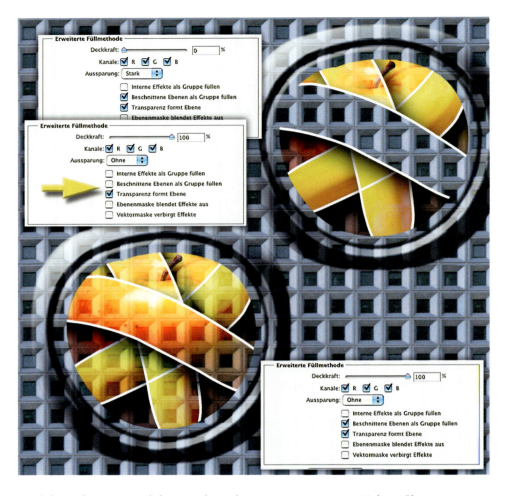

Noch komplizierter wird die Angelegenheit, wenn einer eingerückten Ebene und der Basisebene ihrer Schnittmaske abweichende Optionen zugewiesen werden. Hier hat die oberste Banane (vergleiche Ebenenpalette auf Seite 72) „Beschnittene Ebenen als Gruppe füllen" und „Transparenz formt Ebene" bei gleichzeitigem „Aussparung > Stark" – die Basisebene dagegen nur „Transparenz formt Ebene" und „Aussparung > Ohne" (oben). Die Banane ist damit bis auf die Hintergrundebene sichtbar bei Erhalt ihrer Ebeneneffekte. Wird für die Basisebene aber der Eintrag „Beschnittene Ebenen als Gruppe füllen" aktiviert, so wird auch dieser Bananen-Ebene der Modus der Basisebene zugewiesen und die Hintergrundebene ist als Mischfarbe eingeblendet (unten).

Interne Effekte als Gruppe füllen

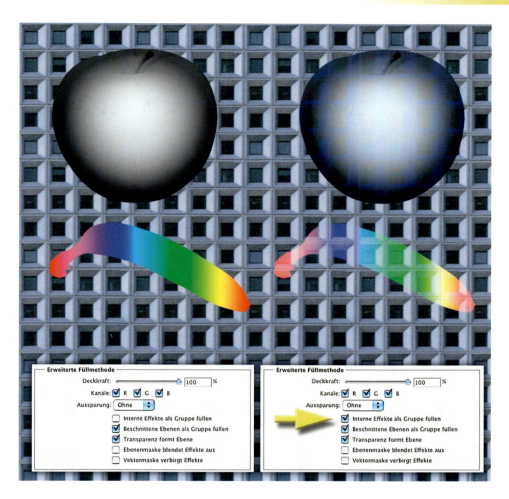

Der erste Eintrag der Optionen ist „Interne Effekte als Gruppe füllen". Er definiert, ob Ebeneneffekte, welche dem Binnenbereich der auf einer Ebene vorhandenen Pixelfläche betreffen („Schein nach innen", „Glanz" sowie „Farb-", „Verlaufs-" und „Musterüberlagerung") denselben Modus annehmen sollen wie die Ebene, denen sie zugeordnet sind. Links sehen Sie die Effekte „Schein nach innen" multiplizierend bei 75 Prozent Deckkraft (Apfel links) und „Verlaufsüberlagerung," normal, 100 Prozent (Banane links); „Interne Effekte als Gruppe füllen" ist unter „Erweiterte Füllmethode" deaktiviert. Wird diese Option aktiviert (rechte Bildhälfte), so übernehmen die Ebeneneffekte den Modus der Ebene selbst („Luminanz" bei den Äpfeln, „Aufhellen" bei den Bananen), der Modus des Effekts wird also durch den der Ebene überschrieben.

Band 15 – Ebeneneffekte

Ebenenmaske

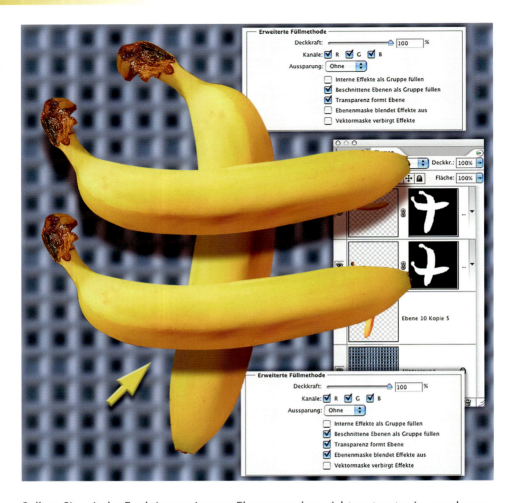

Sollten Sie mit der Funktionsweise von Ebenenmasken nicht vertraut sein, so schauen Sie bitte in Band 9 der Edition DOCMA „Masken und Kanäle", das dritte Kapitel des Buches befasst sich mit diesem Thema. Um es in einem Satz zu sagen: Ebenenmasken können einer Ebene zugewiesen werden; sie werden in der Ebenenpalette rechts neben ihrer Ebene angezeigt, und ihre dunklen Bereiche blenden Pixel der Ebene aus. In Photoshops Grundeinstellung werden Ebeneneffekte von der Ebenenmaske nicht beeinflusst (oben). Aktivieren Sie unter „Erweiterte Füllmethode" den Eintrag „Ebenenmaske blendet Effekt aus", so sind neben Pixeln auch Effekte betroffen. Sie können auf diese Weise, ohne Effekte in Einzelebenen auflösen zu müssen (siehe dazu Seite 103 , Effektbereiche manuell löschen, die – wie der falsche Schatten – nicht erwünscht sind.

Vektormaske 15|77

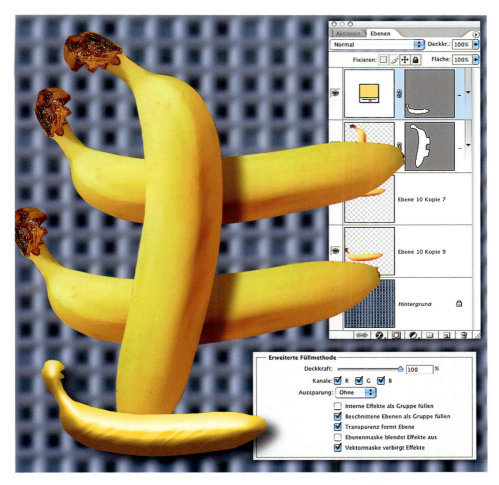

Vektormasken wirken wie Ebenenmasken, nur arbeiten Sie hier mit Pfaden, die Teile des Bildes oder des Effekts immer hart ausblenden. Ebenenmasken dagegen stellen Ihnen 256 Graustufen zum weichen Ausblenden von Bildteilen oder Effekten zur Verfügung. Um eine Vektormaske nicht nur auf die Ebene, sondern ebenso auf die zugewiesenen Effekte anzuwenden, aktivieren Sie unter „Erweiterte Füllmethode" den Eintrag „Ebenenmaske verbirgt Effekte". Bei Ebenen mit Masken werden Effekte auf den nicht-maskierten Bereich beschränkt (Bananenkontur aus Farbfüllebene links unten).

Tipp:
Sie können einer Ebene sowohl eine Ebenen- als auch eine Vektormaske zuweisen. Beide sind dann zugleich wirksam. Damit beide neben den Pixeln auch Effekte ausblenden, aktivieren Sie beide Optionen. Die Maskentypen können unterschiedliche Optionen haben.

Band 15 – Ebeneneffekte

15|78   Farbbereich: Graustufen

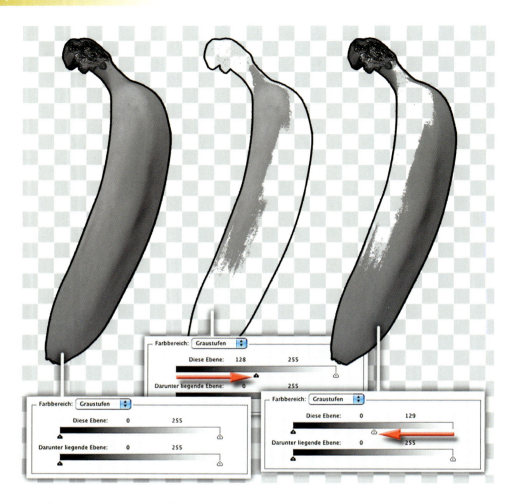

Ein phantastisches, aber leider selten verwendetes Hilfsmittel ist das Ausblenden von Helligkeitsbereichen oder Farben einer Ebene. Dies geschieht nicht mittels einer Ebenenmaske, sondern über Regler im unteren Teil der „Erweiterten Füllmethode" mit der Benennung „Farbbereich". Betrachten wir zunächst ein Graustufenbild: Im Originalzustand (links) ist die Ebene vollständig sichtbar, alle vier Regler stehen auf ihrer Ausgangsposition, zwei Schwarz- und zwei Weißpunktregler. Schieben Sie den Schwarzpunktregler des oberen Balkens bis zur Mitte nach rechts, so werden die Graustufen mit den Werten zwischen 0 (Schwarz) und 128 (Mittelgrau) ausgeblendet (Mitte); schieben Sie den Weißpunktregler bis zur Mitte nach links, werden die hellen Grauwerte zwischen 129 und 255 unsichtbar (rechts).

Farbbereich: Farben

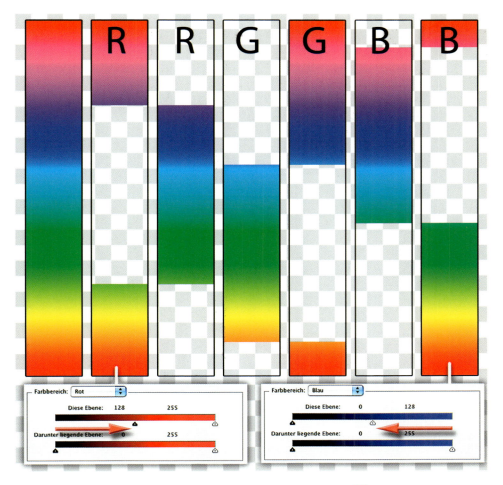

Das kleine Klappmenü in diesem Feld lässt Sie als Alternative auch die beteiligten Farbkanäle wählen, bei diesen RGB-Bild also Rot, Grün und Blau. Wenn Sie hier die Regler bis zur Mitte schieben, werden jeweils die Farbanteile (rechter Regler) beziehungsweise ihre Komplementärfarben (linker Regler) ausgeblendet. Am Beispiel der Rot-, Grün- und Blau-Paare sehen Sie, wie sich diese Anteile jeweils exakt ergänzen, wenn Sie die Regler jeweils genau bis zur Mitte verschieben.

Tipp:
Wenn man mit den Farbmodellen, dem Farbenkreis und Komplementärfarben nicht gut vertraut ist – und selbst dann –, ist es bei manchen Farben oft einfacher und intuitiv leichter nachvollziehbar, den Eingriff in einem Bildduplikat vorzunehmen, das in den CMYK-Farbraum umgewandelt wurde.

Band 15 – Ebeneneffekte

15|80   Farbbereich: Darunter liegende Ebene

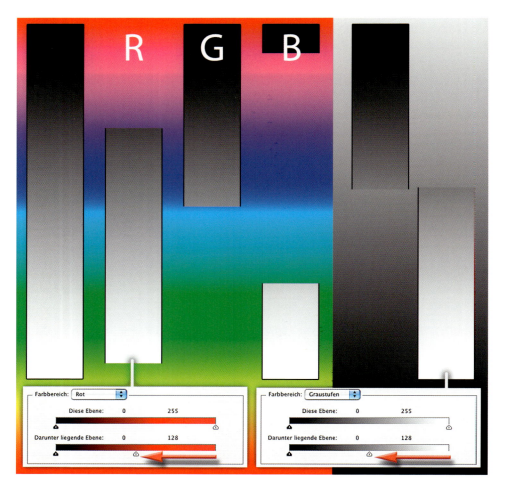

Während die oberen Regler „Diese Ebene" betreffen, also diejenige, von der aus Sie das Einstellungsfeld „Ebenenstil" geöffnet haben, steuern die unteren die „Darunter liegende Ebene". Exakter wäre der Plural „Darunter liegende Ebenen", denn das Ausblenden betrifft alle Ebenen und ihre Farben beziehungsweise Helligkeitswerte unterhalb der aktuellen Ebene. Im zweiten, dritten und vierten Streifen wurde hier jeweils der R-, G- und B-Wert bis zur Hälfte aus der darunterliegenden Ebene ausgeblendet, rechts sind das die dunklen und hellen Helligkeitsbereiche. Selbstverständlich können Sie die Regler bis zu jedem beliebigen Punkt verschieben, von einer Seite oder von beiden, und auch die des oberen und unteren Verlaufsbalkens miteinander kombinieren.

Farbbereich: Weich ausblenden

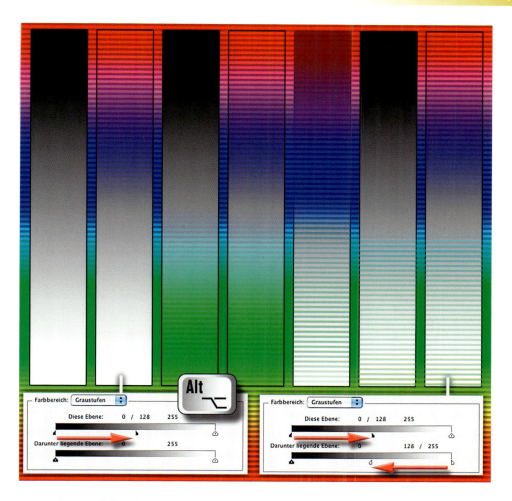

Für konkrete Bildbearbeitungsprojekte besonders wichtig ist die Möglichkeit, Helligkeits- und Farbzonen nicht nur hart beschnitten auszublenden, sondern weich auslaufend. Bei genauer Betrachtung erkennen Sie, dass die Regler aus zwei Teilen bestehen, die sich voneinander trennen lassen; das erreichen Sie durch Drücken der Alt-Taste, während Sie eine Hälfte ziehen. Im zweiten Streifen sind jetzt die dunklen Graustufen zwischen 0 und 128 weich ausgeblendet, im vierten von beiden Seiten bis zur Mitte. Ganz rechts sind zusätzlich die hellen Werte der darunterliegenden Ebene zwischen 128 und 255 betroffen. Auf diese Weise ergeben sich praktisch unendlich viele Kombinationen, Helligkeitswerte und Farben der oben- und untenliegenden Ebene zu beeinflussen und unerwünschte Bereiche schnell unsichtbar zu machen.

Farbbereich: Montage

Nach dieser theoretischen Übersicht darüber, was das Ausblenden von Helligkeits- und Farbbereichen bewirkt, möchte ich Ihnen an ein paar Beispielen zeigen, wozu Sie dieses Werkzeug in der Praxis einsetzen können und wie Sie damit viel Arbeit einsparen und zu bemerkenswerten Ergebnissen gelangen. Sie wollen etwa zwei Bilder zusammenfügen: Schloss Neuschwanstein und die Wolken. Da das Foto der Wolken insgesamt recht hell ist, gibt es keine Möglichkeit, sie als Ebene mit einem geeigneten Modus über das Schloss zu legen, wobei der blaue Himmel automatisch ausgespart würde. Dies funktioniert zum Beispiel dann, wenn Sie eine schwarze Zeichnung auf weißem Grund verwenden – setzen Sie eine solche Ebene etwa auf „Multiplizieren", verschwindet das Weiß und nur die dunklen Striche werden übernommen.

Farbbereich: Hart ausblenden

In der Regel würde man nun eine komplizierte Auswahl erstellen, zum Beispiel mittels „Auswahl > Farbbereich auswählen" die auszuschließenden Blautöne selektieren und löschen; alternativ könnten Sie die Auswahl in eine Ebenenmaske der Wolken-Ebene übertragen und das Blau auf diesem Weg ausblenden. (Mehr dazu in den Bänden der Edition DOCMA: 1 „Auswählen", 9 „Masken und Kanäle" sowie 13 „Freistellen".) Sehr viel schneller und eleganter geht es über die Einstellungen von „Farbbereich". Oft können Sie einfach mit den Graustufen-Reglern arbeiten. Um nur die Wolken sichtbar zu lassen, beginnen Sie damit, den Schwarzpunkt-Regler von „Diese Ebene" so weit nach rechts zu ziehen, bis der größte Teil des blauen – und damit dunkleren – Himmels verschwunden ist.

Farbbereich: Feinjustierung

Im zweiten Schritt drücken Sie die Alt-Taste zum Splitten des Schwarzpunkt-Reglers und verschieben dessen rechten Teil noch weiter nach rechts. Wahrscheinlich werden Sie danach dessen linke Hälfte wieder ein wenig nach links zurückversetzen; dafür gibt es keine festen Vorgaben, es hängt immer von den Bildern ab, die sie miteinander mischen, und von dem Ergebnis, das Sie realisieren wollen. Da bereits die Montage auf der vorausgehenden Seite gezeigt hat, dass nun auch die blauen Wolkenlücken im unteren Teil des Bildes ausgeblendet werden, duplizieren Sie die Ebene, löschen den ganzen Himmel oberhalb der Wolkenschicht, und blenden für den Rest per „Farbbereich" nun die hellen Pixel aus. Durch diese Verdoppelung ist die Wolkenlücke nun nicht mehr – wie noch auf Seite 83 – auf den Wald dahinter durchsichtig.

Farbbereich: Flammen

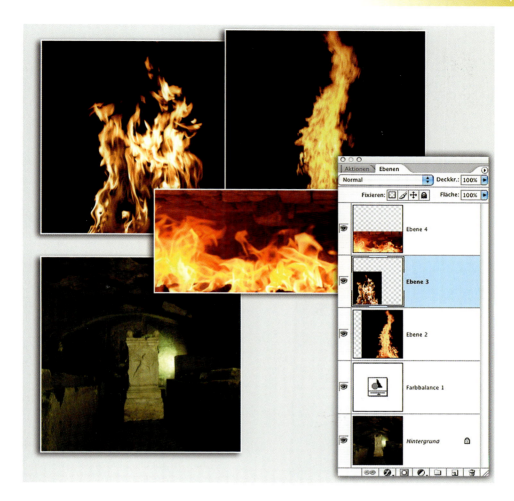

Nicht weniger schwierig ist die Behandlung von Flammen, bei denen man mit dem Löschen von Auswahlzonen meist auch nicht zu verwertbaren Montageergebnissen gelangt. Ich will Ihnen allerdings nicht verschweigen, dass Sie bei den beiden oberen Fotos mit einem einfacheren und schnelleren Verfahren zu einem vergleichbaren Ergebnis kämen: Da der Hintergrund der Flammen (übrigens von meiner Bild-CD 3 aus der Edition DOCMA „Feuer") schwarz ist, könnten Sie die Flammen-Ebenen auf „Aufhellen" setzen. Aber das funktioniert nicht immer, bei dem Bild in der Mitte blieben so auch die Steine am oberen Rand erkennbar. Die Einstellungsebene „Farbbalance" über der Hintergrundebene (sie zeigt einen unterirdischen Mithras-Tempel) wird dazu dienen, das Gewölbe der Beleuchtung durch die Flammen anzugleichen.

Farbbereich: Flammen-Montage

So sieht die Montage aus, deren Ebenenaufbau Sie auf der vorausgehenden Seite bereits gesehen haben. Alle drei Feuer-Ebenen haben den Modus „Normal", die Freistellung erfolgte also ausschließlich über die „Farbbereich"-Regler in den Graustufen. Lediglich die Deckkraft der vordersten Flammenreihe wurde auf 90 Prozent herabgesetzt. Eingriffe wie die Farbanpassung der Hintergrundebene sollten Sie auf keinen Fall vergessen; ohne diesen Eingriff sähe die Szene einfach falsch aus.

Farbbereich: Haare 15|87

© Porträt: tadija - Fotolia.com

Eine der am häufigsten gestellten Fragen bei Seminaren und Workshops lautet: Und wie stellt man Haare frei? Sofern die Aufnahmebedingungen günstig sind (links oben mit Studiohintergrund), können Sie die entsprechende Farbe oder den Helligkeitsbereich schnell ausblenden. Allerdings verschwinden dabei auch andere helle Stellen wie Augen, Zähne oder Träger. Die Lösung: Duplizieren Sie die Porträt-Ebene; Ausblenden der Farbbereiche nehmen Sie für die obere Fassung vor, bei der darunter löschen Sie überflüssige Pixel per Radiergummi und/oder mit dem Zauberstab. So bleiben die hellen Stellen dort erhalten und sind durch die Lücken der oberen Ebene zu sehen. Danach vereinigen Sie beide. Schwieriger ist das Abdunkeln der noch zu hellen Haarspitzen; die nötigen Zwischenschritte erfahren Sie auf der nächsten Seite.

Band 15 – Ebeneneffekte

15|88   Farbbereich: Freistellen auf zwei Ebenen

Bei einem tatsächlich – etwa per „Extrahieren" – freigestellten Motiv (siehe dazu Edition DOCMA Band 1 „Auswählen" und 13 „Freistellen") können Sie zu helle Haare oder solche mit einem Farbstich durch den ehemaligen Hintergrund mit den Werkzeugen „Nachbelichter > Lichter" oder per „Pinsel > Modus Farbe" korrigieren; dazu müssen Sie zunächst das Umfeld der Ebenenpixel durch Anklicken der Option „Transparente Pixel fixieren" schützen. Beim Ausblenden von Farbbereichen sind diese aber noch vorhanden und der Ausschlussbereich würde sich durch Malen oder Abdunkeln verändern. Legen sie daher eine neue Ebene mit einer kräftigen, im Bild nicht vorkommenden Farbe in den Hintergrund, vereinigen Sie die beiden Ebenen und löschen Sie diese Farbe wieder, nachdem Sie sie per „Farbbereich auswählen" selektiert haben.

Photoshop-Basiswissen – Edition DOCMA

Farbbereich: Freigestellte Haare

Danach besteht das Umfeld aus Transparenzzonen; nach dem Fixieren können Sie nun die Haarspitzen nachbehandeln. Der Bereich unter der Lupe auf Seite 88 zeigt, dass ein solcher Korrekturschritt unbedingt nötig ist, um die hellen Randbereiche zu entfernen. Der Farbunterschied zwischen diesen beiden Bildfassungen kam dadurch zu Stande, dass das Porträt mit „Bild > Anpassen > Fotofilter > Kaltfilter (82)" nachbehandelt wurde, um einen leichten Blaustich zu erzeugen, wie er sich durch die Reflexionen von Himmel und Meer ergeben würde; der starke Orangeton des Originalfotos gegenüber lässt die Frau auch nach der Montage noch wie einen Fremdkörper in der Szene aussehen.

Ebenenstile anwenden

Um einer Ebene einen Ebenenstil zuzuweisen, stehen Ihnen verschiedene Möglichkeiten zur Verfügung. Sie können zunächst im linken Teil des Ebenenstil-Fensters – wie bisher in diesem Buch beschrieben – die einzelnen Effektmenüs aufrufen und dort die Parameter nach Ihren Vorstellungen festlegen. Wenn Sie mit einem Stil besonders zufrieden sind und sich vorstellen können, ihn auch für künftige Projekte einzusetzen, lässt er sich dauerhaft sichern (Seite 92). Ebenso lassen sich weitere Stile aus Photoshop ergänzen oder aus dem Web herunterladen. Um einen bereits gespeicherten Stil für eine Ebene anzuwenden, klicken Sie im Ebenenstil-Fenster auf den Eintrag „Stile" links oben; in der Mitte des Feldes sehen Sie nun die Miniaturdarstellung aller Stile. Klicken auf eines der Felder weist der Ebene den entsprechenden Effekt zu. Klicken auf den Pfeil ganz rechts in der Ebenenpalette zeigt alle aktivierten Effekte für diese Ebene mit ihrem Namen an.

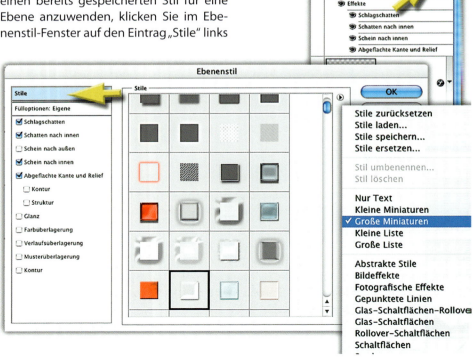

Ebenenstil wählen 15|91

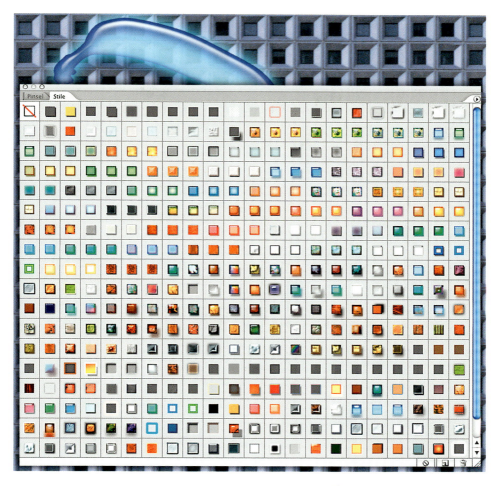

Einen schnelleren Zugang zu den Stilen erhalten Sie über die Stile-Palette – jedenfalls dann, wenn Sie ausreichend Platz haben und zum Beispiel mit einem zweiten Monitor arbeiten, was Photoshop-Anwendern ohnehin zu empfehlen ist. Auch hier können Sie, wie in der Abbildung gegenüber gezeigt, durch Klicken auf den kleinen Pfeil rechts oben in der Palette ein Menü öffnen, das die Darstellung der Stile bestimmt und weitere Befehle zum Umgang mit ihnen enthält. Auch hier reicht Klicken auf ein Feld für die Stilzuweisung aus.

Tipp:
Eine wahre Schatzkammer an ladbaren Stilen finden Sie übrigens auf der CD, die dem „Photoshop-Wow!-Book" beiliegt. Die deutsche Ausgabe zu CS3 erscheint 2007 beim Verlag Addison-Wesley. Viele der oben dargestellten Stil-Miniaturen stammen aus dieser Sammlung. Eine gute Quelle ist auch www.adobe.com/cfusion/exchange/ > Photoshop.

Band 15 – Ebeneneffekte

15|92 Neuen Stil anlegen

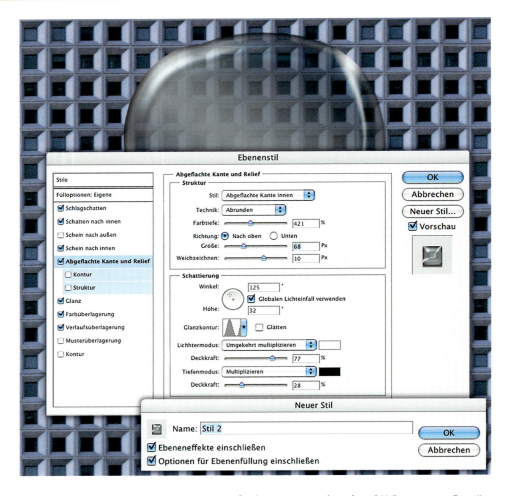

Im rechten Teil des Ebenenstil-Fensters finden Sie zunächst den OK-Button zur Bestätigung der vorgenommenen Einstellungen, darunter „Abbrechen", um ohne Änderungen zum Bild zurückzukehren; klicken Sie auf dieses Feld mit gedrückter Alt-Taste, so ändert sich der Name von „Abbrechen" in „Zurück", Sie kehren so zu den beim Öffnen des Fensters vorgefundenen Einstellungen zurück, ohne dieses zu schließen. „Vorschau" zeigt den Effekt im Bild und lässt sich zum Vergleichen ausschalten. Das Feld darunter zeigt den Effekt als Mini-Vorschau visuell umgesetzt. Sind Sie mit dem Erscheinungsbild des Effekts zufrieden und wollen ihn speichern, klicken Sie auf „Neuer Stil"; in dem sich öffnenden Fenster (unten) geben Sie einen Namen ein und bestimmen, ob die beiden Optionen unten wirksam werden sollen (in der Regel ja).

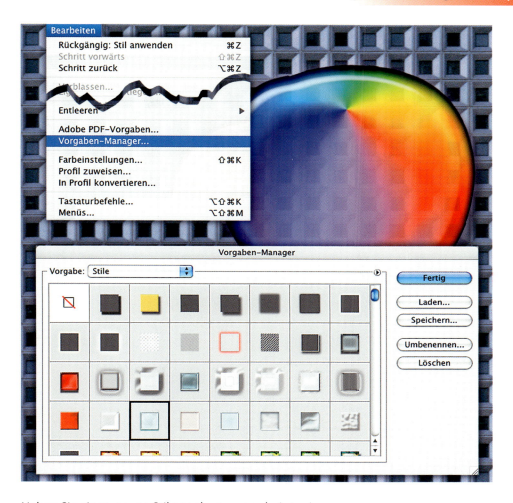

Haben Sie einen neuen Stil angelegt, so erscheint seine Miniatur als neuer Eintrag am Ende der Stile-Palette. Zum Verwalten der Stile eignet sich diese Palette aber nur begrenzt; mehr Möglichkeiten finden Sie unter „Bearbeiten > Vorgaben-Manager > Stile". Wie in der Palette, so können Sie auch hier die Darstellung der Stile als Text, Miniaturen oder Liste wählen und das Fenster beliebig vergrößern. Viele der Befehle an der rechten Seite sind mit denen der Stile-Palette identisch, andere weichen ab.

15|94 Vorgaben-Manager

Eingriffsmöglichkeiten, die Ihnen nur der Vorgaben-Manager bietet, sind das Verschieben von Feldern an andere Stellen (etwa weiter an den Anfang, wo man häufig genutzte Stile sammeln sollte, um Scrollen zu sparen); dazu klicken Sie auf ein Feld und schieben es bei gedrückter Maustaste an eine andere Stelle. Während Sie hier wie in der Stile-Palette einzelne Felder durch Klicken bei gedrückter Alt-Taste löschen können – dabei erscheint ein Scheren-Symbol –, lassen sich mit Unterstützung der Umschalttaste alle Miniaturen zwischen dem ersten und zweiten Klick auswählen und löschen oder auch unter einem eigenen Namen im Vorgaben-Ordner speichern. Löschen von Feldern verändert nur den aktuell verfügbaren Satz, nicht die gespeicherte Stile-Bibliothek selbst, die Sie bei Bedarf durch „Laden" rekonstruieren können.

Photoshop-Basiswissen – Edition DOCMA

Stilzuweisung löschen

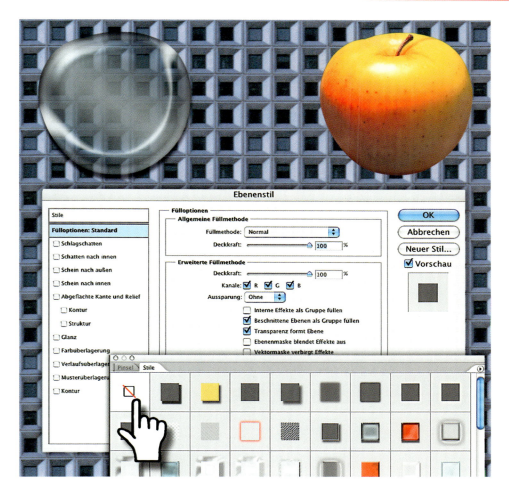

Um den Stil, den Sie einer Ebene zugewiesen haben, wieder zu entfernen, gibt es zunächst die nahe liegende Möglichkeit, den Ebenenstil durch Doppelklicken auf seine Ebenenminiatur in der Ebenenpalette aufzurufen und alle aktivierten Kästchen im linken Teil durch Klicken zu deaktivieren. Die Stile bleiben auf diese Weise erhalten, sind jedoch ausgeblendet. Sie erkennen das daran, dass das kreisförmige Effekt-Symbol weiterhin am rechten Rand der Ebenenzeile steht. Dieselbe Wirkung erzielen Sie über „Ebene > Ebenenstil > Alle Effekte ausblenden". Endgültig löschen Sie die Effekte, indem Sie in der Stile-Palette auf die erste Miniatur klicken: das schwarz umrandete, diagonal rot durchgestrichene Quadrat. Alternative: „Ebenenstil löschen" im Kontextmenü, wenn Sie in der Ebenenpalette auf den Pfeil des Stils klicken (Seite 100).

Band 15 – Ebeneneffekte

15|96   Stil ausblenden

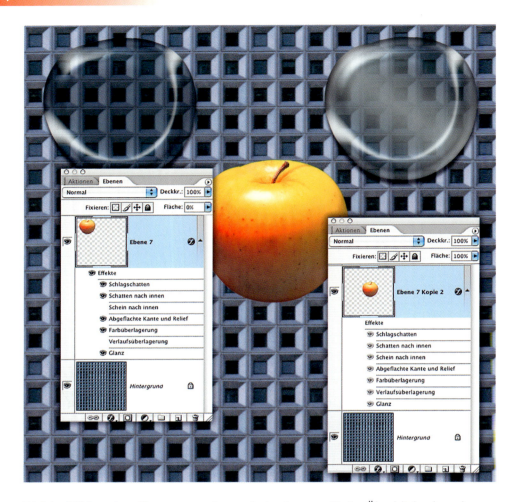

Welche Effekte einer Ebene zugewiesen sind, erkennen Sie im Überblick, ohne das Ebenenstil-Fenster öffnen zu müssen, indem Sie am rechten Rand der zugehörigen Ebenenzeile in der Ebenenpalette auf den kleinen Pfeil klicken; er deutet in der (geschlossenen) Normeinstellung nach unten. Nach dem Anklicken weist er nach oben und es öffnet sich darunter eine Effekte-Liste. Klicken Sie in deren oberster Zeile auf das Augensymbol vor „Effekte", werden diese im Bild ausgeblendet (wie bei dem Apfel in der Mitte und der dazugehörigen Ebenenpalette rechts). Alternativ können Sie sich so auch ohne den Umweg über das Ebenenstil-Fenster anzeigen lassen, wie der Stil wirkt, indem Sie nur einzelne der Effekte ausblenden, aus denen er sich zusammensetzt (links). Alt-Klick auf ein Effekt-Auge zeigt nur diesen Effekt allein an.

Photoshop-Basiswissen – Edition DOCMA

Ebenenpalette: Deckkraft 15|97

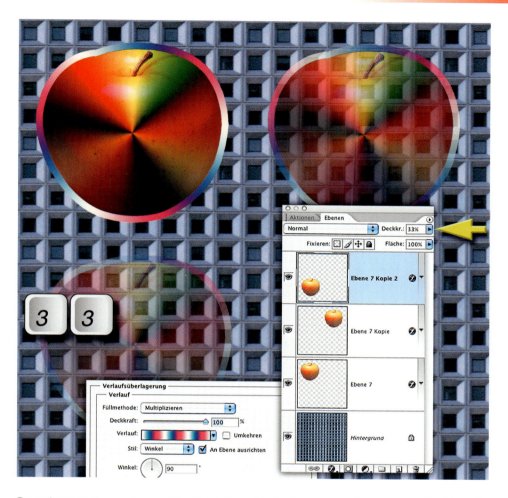

Da es immer ein wenig umständlich ist, zur Veränderung von Parametern das Einstellungsfenster der Ebenenstile öffnen zu müssen, dient jede Abkürzung der Arbeitseffektivität. Auf Seite 63 ging es bereits um die Deckkraft von Ebenen und wie Sie diese unter „Ebenenstile" als „Allgemeine Füllmethode" festlegen. Schneller geht das natürlich, wenn Sie in der Ebenenpalette – ich setze voraus, dass Sie diese immer geöffnet haben – den Regler der Deckkraft verschieben oder einen neuen Wert in das numerische Feld eingeben. Noch schneller funktioniert es mit den Zifferntasten bei aktiviertem Bewegen-Werkzeug (V-Taste drücken): 1 entspricht 10 Prozent, 0 hundert, und so weiter in Zehnersprüngen. Schnelles Drücken erlaubt zweistellige Werte wie etwa 33. Wichtig: „Deckkraft" betrifft Ebenenpixel und Effekte in gleicher Weise.

Band 15 – Ebeneneffekte

15|98 Ebenenpalette: Fläche

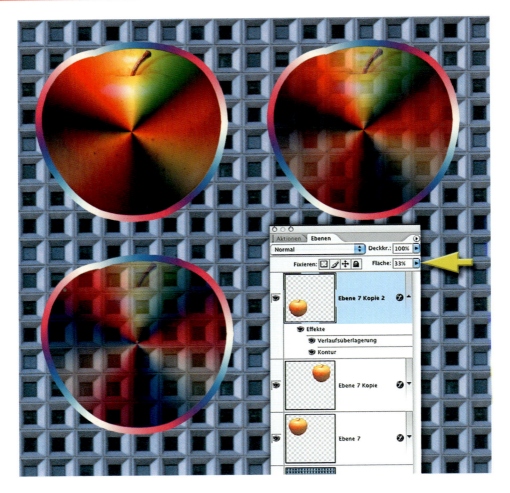

Auch die Einstellungen für „Fläche" hatten Sie weiter vorn bereits kennengelernt; unter „Ebenenstilen" wird – was zur Verwirrung beiträgt – der Begriff „Erweiterte Füllmethode > Deckkraft" verwendet. Der Effekt „Verlaufsüberlagerung > Winkel" wurde hier der Ebene im Modus „Multiplizieren" zugewiesen. Die Deckkraft der drei Ebenen liegt bei jeweils 100 Prozent, aber sie weichen ab hinsichtlich ihrer Flächen-Werte: 100, 66 und 33 Prozent. Wie Sie sehen, bleibt dabei die Kontur-Verlaufsfüllung – die als Effekt die Füllmethode „Normal" hat – unverändert, die Verlaufsüberlagerung ebenso, was wegen der Mischfarben allerdings schwerer zu erkennen ist. Die Pixel der Apfel-Ebene hingegen werden zunehmend transparenter. Auch Fläche-Werte können Sie per Zifferntasten eingeben, wenn Sie zusätzlich die Umschalttaste drücken.

Stile skalieren 15|99

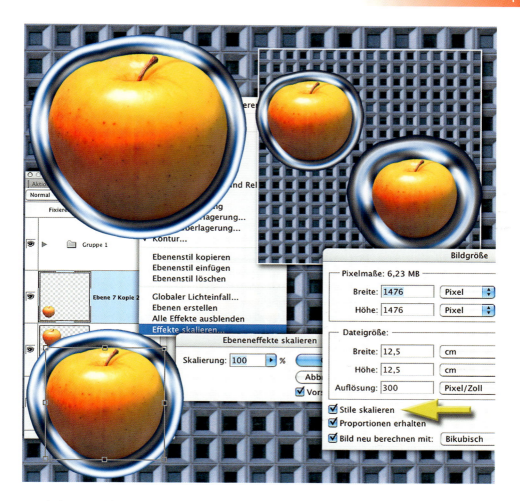

Sie skalieren Bilder und Bildelemente, indem Sie eine Auswahl vornehmen (entfällt, wenn Sie eine komplette Nicht-Hintergrundebene skalieren), zu „Bearbeiten > Transformieren > Skalieren" gehen – kürzer: Strg-/Befehlstaste-T – und einen der Eckenkel ziehen. Oder Sie skalieren das ganze Bild über „Bild > Bildgröße". Was geschieht dabei mit den Stilen? Bei der Bildgrößenänderung können Sie bei den Optionen wählen, ob „Stile skalieren" aktiviert ist oder nicht. Dabei schrumpfen oder wachsen sie im gleichen Maßstab, ansonsten bleiben die absoluten Werte unverändert. Auch beim Skalieren per Transformieren ändert sich nichts an absoluten Parametern (unten links). Über das Ebenenstil-Kontextmenü in der Ebenenpalette können Sie „Ebeneneffekte skalieren" aufrufen und sie insgesamt prozentual anpassen (Mitte).

Band 15 – Ebeneneffekte

15|100 Stile kopieren

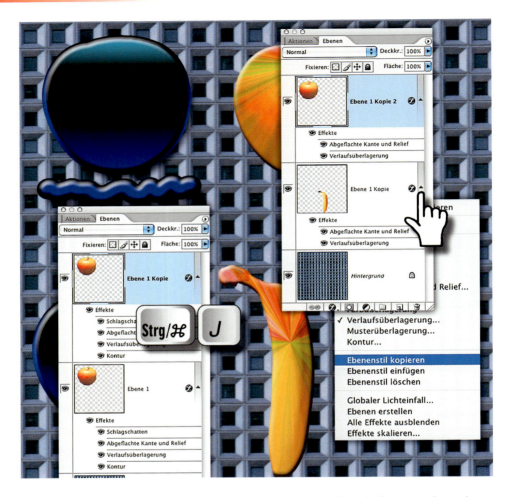

Duplizieren Sie eine Ebene mit zugewiesenem Stil, so wird auch dieser verdoppelt. Er bleibt der Ebene sogar dann zugewiesen, wenn Sie die dort vorhandenen Pixel löschen und dann neue hinzumalen. Wollen Sie den Ebenenstil von einer Ebene auf eine andere übertragen (also so, dass er der neuen Ebene zugewiesen und gleichzeitig bei der ursprünglichen gelöscht wird), so klicken Sie in der Ebenenpalette auf das Effektsymbol – „f" im schwarzen Kreis – und verschieben es auf die Zeile der neuen Ebene. Wollen Sie es dagegen kopieren – also auf der Ursprungsebene bewahren – so halten Sie dabei die Alt-Taste gedrückt. Alternative: mit rechter Maustaste (Mac: Ctrl-Taste) auf den Pfeil am Zeilenende klicken und im Menü „Ebenenstil kopieren" wählen, dann in einer anderen Ebene an gleicher Stelle „Ebenenstil einfügen".

Photoshop-Basiswissen – Edition DOCMA

Stile kopieren 15|101

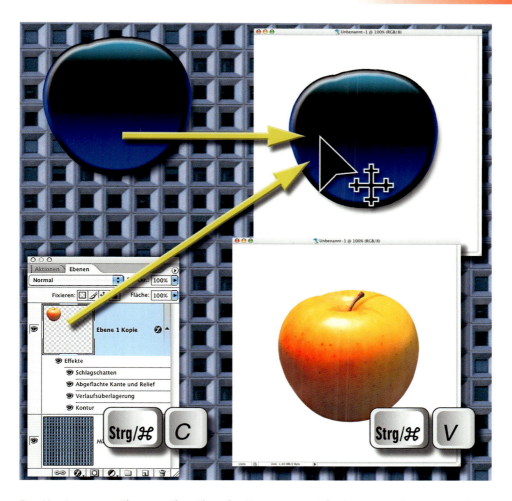

Das Kopieren von Ebenenstilen über das Kontextmenü funktioniert übrigens auch zwischen verschiedenen Dateien. Wenn Sie die Pixel einer Ebene mit zugewiesenem Ebenenstil auswählen und kopieren – oder ausschneiden – und in einer anderen Datei einfügen, werden nur die Pixel übertragen, die Ebeneneffekte aber nicht. Sie können den Stil dann bei Bedarf zwar nachträglich über das Kontextmenü holen, aber das wäre unnötig umständlich. Schneller geht es, wenn Sie in Datei A die Pixel entweder – bei aktivierter richtiger Ebene – direkt aus dem Bild nach Datei B ziehen oder das über die Miniatur der Ebenenzeile in der Palette machen. Dabei darf keine Auswahl bestehen, sonst werden nur die Pixel ohne Stil übertragen; das funktioniert also nur mit Nicht-Hintergrundebenen und dem kompletten Ebeneninhalt.

15|102 Ebenenstile als Pixel bearbeiten

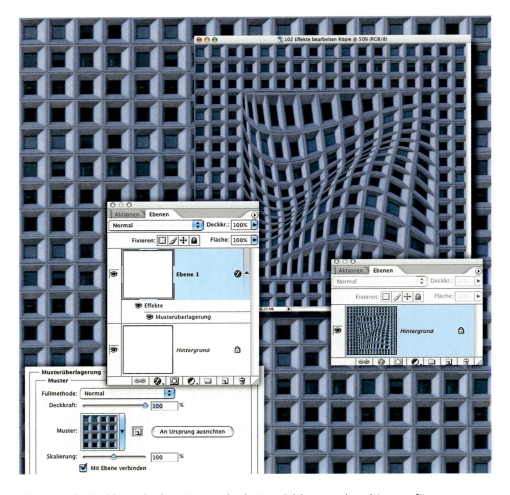

Ebenenstile sind kein direkter Bestandteil eines Bildes, sondern hinzugefügte Effekte, die sich nicht direkt als Pixel bearbeiten lassen. Sie können sie nicht löschen, mit Filtern behandeln, verzerren oder direkt umfärben. Dass es sich dabei nicht um Pixel handelt, auf die Sie unmittelbaren Zugriff haben, ist auch an der Darstellung in der Ebenenpalette ablesbar: Die Ebenen-Miniatur wird dort so abgebildet, wie sie ohne Effekt aussieht, in unserem Fall also einfach weiß gefüllt; die Musterfüllung mit der Hochhausfassade ist nur in der Bildansicht zu erkennen. Erst nachdem Sie diese Ebene mit der darunterliegenden vereinigt haben (rechts), wird das zuvor nur Sichtbare als Pixel in der Palette angezeigt und kann nun auch beliebig verändert werden.

Ebenenstile als Pixel bearbeiten

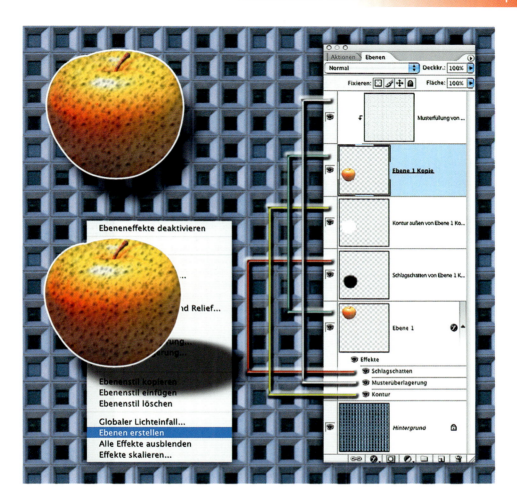

Wollen Sie auf einzelne Effekte als Pixel zugreifen, so verwandeln Sie die Effekte in Ebenen. Das geht entweder über „Ebene > Ebenenstil > Ebene erstellen" oder schneller über das Kontextmenü der Ebenenzeile mit dem Eintrag „Ebene erstellen". Die Gegenüberstellung in der Ebenenpalette zeigt, wie aus den Effekten (unten) neue, entsprechend benannte Ebenen werden (oben). Diese sehen allerdings zum Teil ganz anders aus, als Sie das vielleicht erwartet hätten: So ist zum Beispiel die weiße Kontur kein Ring um den Apfel, sondern eine gefüllte Fläche, die um die Konturbreite erweitert wurde; die Musterfüllung liegt als Schnittmaske über den anderen Ebenen. Die Ebenen sind nicht gruppiert, beachten Sie das, wenn Sie einzelne davon verschieben oder skalieren. Die Schlagschatten-Ebene kann nun nach Belieben verzerrt werden.

15|104 Ebenenstile als Pixel bearbeiten

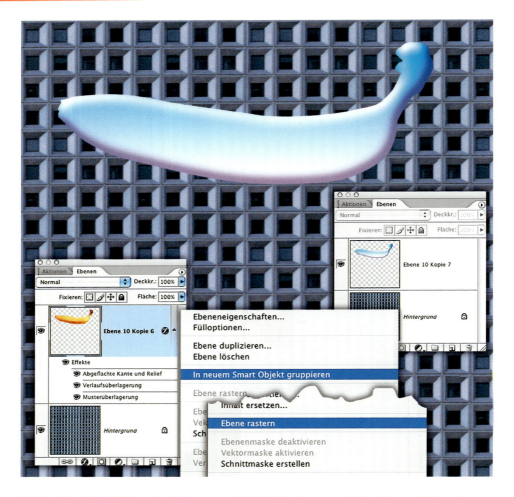

Wollen Sie alle Effekte einer Ebene zugleich in Pixel verwandeln, ohne auf einzelne davon verändernd zuzugreifen, so geht der schnellste Weg über das Kontextmenü und ein „Smart Objekt". Merkwürdigerweise scheint es in Photoshop keinen eigenständigen Befehl zu geben, der eine Ebene in einem Schritt mit ihren Effekten zu Pixeln zusammenfasst – jedenfalls ist mir keiner vertraut. Gehen Sie also zum Kontextmenü der Ebenenzeile – bei Windows mit der rechten Maustaste, am Mac mit gedrückter Ctrl-Taste – und bestimmen Sie im ersten Schritt „In neuem Smart Objekt gruppieren", danach auf demselben Weg „Ebene rastern". Danach sieht die Ebenenpalette so aus wie rechts dargestellt. Alternativ verwenden Sie „Ebene > Smart Objekte > In neuem Smart Objekt gruppieren", danach „Ebene > Rastern > Smart Objekt".

Photoshop-Basiswissen – Edition DOCMA

Ebenenstile als Pixel bearbeiten 15|105

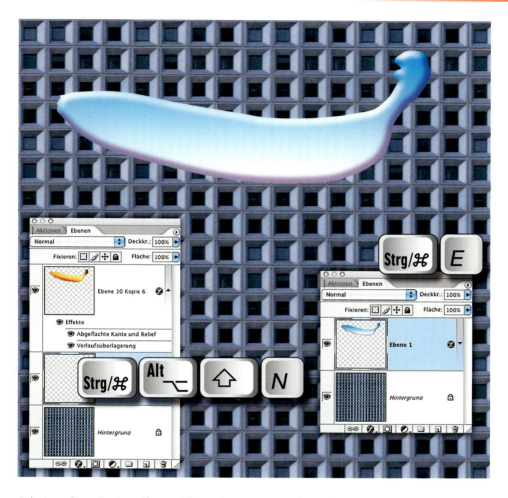

Arbeiten Sie mit einer älteren Photoshop-Version, die noch keine Smart Objekte unterstützt, ist der Vorgang ein klein wenig aufwendiger: Aktivieren Sie die Ebene unterhalb derer, die Sie mit ihren Effekten zu Pixeln zusammenfassen wollen. Mit der Kombination Strg-/Befehls-, Alt-, Umschalt- und N-Taste erzeugen Sie darüber eine neue, leere Ebene (diese Kombination überspringt das Dialogfeld, in dem Sie sonst den Namen der neuen Ebene eintragen). Nun aktivieren Sie die obere Ebene mit den Effekten und bestimmen „Ebene > Mit darunterliegender auf eine Ebene reduzieren", auch das geht über das Kontextmenü. Machen Sie das aber erst dann, wenn Sie sicher sind, dass die Effekte endgültig Ihren Vorstellungen entsprechen und nicht mehr modifiziert werden müssen.

Band 15 – Ebeneneffekte

Praxisbeispiel: Wassertropfen

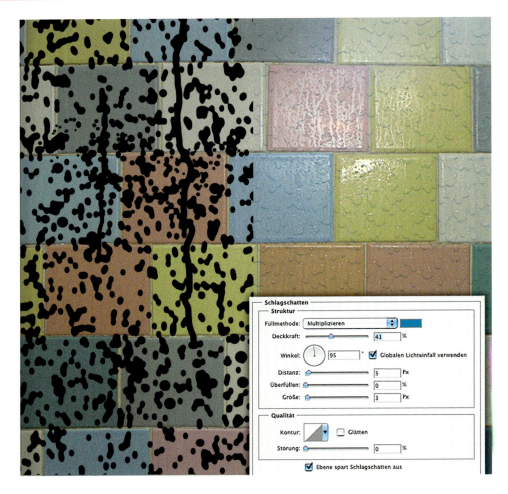

Ich möchte diesen Band abschließen mit zwei Beispielen aus der Praxis, die Ihnen noch einmal zusammengefasst demonstrieren sollen, wie vielseitig die Ebenenstile nicht nur für grafisch wirkende Effekte sind, sondern auch für den Einsatz bei Montage mit Photoshop. Die künstlichen Wassertropfen kennen Sie ja bereits von den Seiten 65 ff.; hier möchte ich Ihnen zeigen, aus welchen Effektkombinationen sie aufgebaut sind. Die Tropfen selbst werden auf einer neuen Ebene mit dem Pinsel erzeugt (links), wobei in der Pinselpalette Malabstand, Größen-Jitter und Streuung aktiviert sind. Der Wert für Fläche steht auf Null, so dass die Pixel selbst unsichtbar sind und nur die Effekte angezeigt werden (rechts). Der erste ist „Schlagschatten"; alle verwendeten Parameter können Sie jeweils aus dem Bild ablesen.

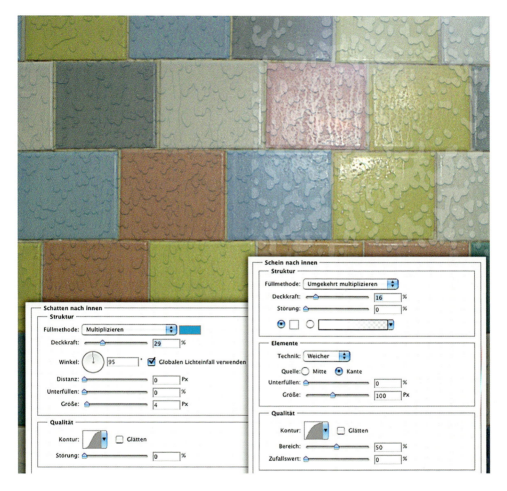

„Schlagschatten" hat – bei fast direkt von oben kommender Beleuchtung, orientiert an dem Kachelfoto – nur einen Schattenrand nach unten erzeugt (Seite 106). Bei Schatten nach innen kommt nun ein an allen Kanten der Tropfenspur wirksamer Abdunklungsrand hinzu mit einer Breite von nur 4 Pixeln; die „Distanz" steht dabei auf Null, so dass er nicht verschoben ist (links). Als nächstes kommt ein „Schein nach innen" hinzu mit einer breiten Zone unter „Größe", der den kompletten Innenbereich leicht aufhellt (rechts).

15|108 Praxisbeispiel: Wassertropfen

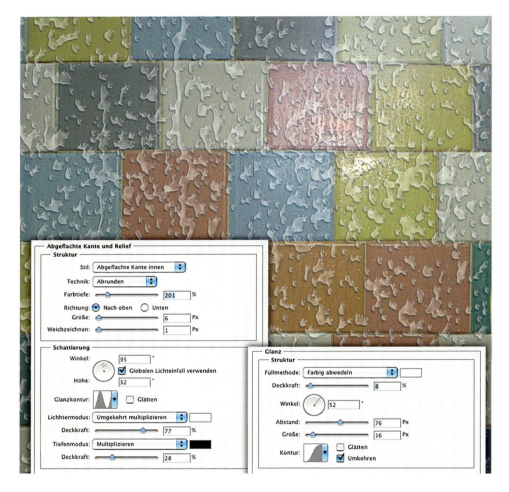

Im nächsten Schritt folgen die Einstellungen unter „Abgeflachte Kante und Relief", sie sind für die plastische Erscheinung der Tropfen am wichtigsten (links). Ergänzend kommt schwach eine weiche „Struktur" hinzu. Wichtig ist hier vor allem die Glanzkante, die das Wasser lebendig erscheinen lässt. Eine leichte Verbesserung lässt sich noch erzielen mit „Glanz"; wie vorn beschrieben, wurde dieser allerdings nicht, wie vorgegeben, als Abdunklung hinzugefügt, sondern mit weißer Farbe und der Füllmethode „Farbig abwedeln". Außerdem habe ich zum Abschluss viele Tropfen durch einfaches Malen der Kachelstruktur der Wand angepasst, so dass das Wasser auf Erhöhungen und Vertiefungen an den Rändern und in den Fugen reagiert, die Effekte passen sich den neu hinzugefügten Pixeln automatisch an.

Praxisbeispiel: Rollen

Noch ein letztes Beispiel, das zeigen soll, wie Sie in Photoshop fast ohne fotografiertes Material realistische Szenen darstellen können. Die drei Räder sind – an den Kanten leicht aufgeraute – Kreisscheiben auf unterschiedlichen Ebenen. Interessant ist auch das Entstehen der Seile und der Kette, ohne dass ich an dieser Stelle ausführlicher darauf eingehen könnte: Die Kette besteht aus drei Teilstücken, die als Werkzeugspitzen angelegt und als Pfadfüllung auf unterschiedlichen Ebenen eingefügt wurden. Auch die „Seile" sind künstlich: Es gibt nur ein kurzes Element, das auf dieselbe Weise über Pfade dazu verwendet wurde, die Taue darzustellen.

Band 15 – Ebeneneffekte

15|110   Praxisbeispiel: Rollen

Alles, was Sie hier in Abweichung von Seite 109 an Farben, Schattierungen und Strukturen sehen, wurde dem Bild in Photoshop allein mit Ebeneneffekten hinzugefügt. So erhielten die Räder per Musterfüllung ein Muster aus Holzbrettern; dasselbe Muster, bei identischer Skalierung als Struktur verwendet, sorgte für die Oberflächenprägung. Da Muster leider nicht gedreht werden können, wurden die Strukturen zunächst den Scheiben fest als Pixel zugewiesen (Seite 102 ff.), dann rotiert und danach abermals mit Effekten versehen, diesmal „Abgeflachte Kante und Relief". In ähnlicher Weise entstand aus den drei Ebenen der Kette deren plastische Darstellung mit Rostfüllung und Schatten sowie die Färbung und Rundung der Seile. Ebeneneffekte können also auch bei solchen Montagen die Arbeit deutlich erleichtern.

Digitale Illustration: H.-J. Gaeltzner/ www.print-post.de

Manipulation ist keine Wissenschaft – sie ist eine Kunst.

Mehr Informationen: www.docma.info

DOC BAUMANN BEI ADDISON-WESLEY

**Edition DOCMA:
Photoshop-Basiswissen –
konzentriert, ausführlich
und praxisnah.**

ISBN 978-3-8273-2547-1
112 Seiten
€ 16,95 [D] / € 17,40 [A] / sFr 29,50

Von Doc Baumann, Christoph Künne
Der direkte Einstieg in die Praxis.
Die Autoren beschreiben den Umgang mit
der neuen Photoshop-Version CS3 in Form
kurzer Workshops, so dass Sie nicht nur
erfahren, was hinzu gekommen ist,
sondern auch, wie Sie damit effektiv
umgehen und Ihre spezifischen
Gestaltungsprobleme lösen können.

UNSERE PHOTOSHOP-BIBLIOTHEK

 Auswählen — 978-3-8273-2311-8

Farbkorrektur für Fotografen — 978-3-8273-2312-5

Schärfen und Weichzeichnen — 978-3-8273-2313-2

 Digitale Negative: Camera Raw — 978-3-8273-2314-9

 Perspektive — 978-3-8273-2315-6

 Porträts retuschieren — 978-3-8273-2316-3

**Komplett
in Farbe,
je 112 Seiten**

 Montagen — 978-3-8273-2317-0

 Ebenen — 978-3-8273-2318-7

 Masken & Kanäle — 978-3-8273-2406-1

 Bilder verwalten mit Bridge — 978-3-8273-2407-8

**je € 14,95 [D]
€ 15,40 [A]
sFr 25,50**

Malen & Zeichnen — 978-3-8273-2408-5

Schwarzweiß Labor — 978-3-8273-2409-2

 Freistellen — 978-3-8273-2548-8

 Retuschieren — 978-3-8273-2549-5

Ebeneneffekte — 978-3-8273-2550-1

 Bilder fürs Internet — 978-3-8273-2551-8

**Alle sechzehn Titel erhalten Sie auch als Sammeledition zum Vorzugspreis von
€ 199,– [D] / € 204,60 [A] / sFr 322,00** 978-3-8273-2553-2

[The Sign of Excellence]
ADDISON-WESLEY www.addison-wesley.de